Otto Kerscher · Bäuerliche Weihnacht

Otto Kerscher

Bäuerliche Weihnacht

Verlag Attenkofer

Impressum:
Titelbild: Selbstgebastelte Weihnachtskrippe von Otto Kerscher in Furth,
fotografiert von Willi Gerstbrein

ISBN: 3-931091-01-5
1. Auflage 1995

Inhaltsverzeichnis

Handgemalter Christbaum um 1900.

Vorwort

Ein Aufruf an die Leser!

Otto Kerschers bayerische Seele ist mit diesem Buch wieder aufgebrochen. In den bisher erschienenen zehn Büchern des Autors ist längst dargelegt, was Otto Kerscher zum Schreiben bewegt: Er will es nicht für sich behalten, was er erlebt, erlauscht hat, wozu er sich bekennt. Daß es lebendig bleibe, was das Herz unserer Ahnen zu standhaften, gottesfürchtigen Menschen gemacht hat. Die gute Wesensart solle nicht absterben. Wieder greift Otto Kerscher hinein in die Truhe seiner Erinnerungen und breitet die Schätze aus, die er uns schenkt, damit wir sie hüten und unseren Kindern vererben.
„Charakter bewahren!" ruft uns Otto Kerscher zu. Er redet all jenen ins Gewissen, die Verantwortung tragen: der Schule, der Kirche, den Medien und vor allem den Eltern! Möchten diesen Aufruf alle Leser aus seinen Worten vernehmen!

Der Verlag

Advent

Die vier Wochen des Advent haben ihre ganz besondere Bedeutung. Es sind Tage der Ruhe und des Nachdenkens. Der Mensch spürt ein gewisses Frohwerden, ein wenig Heimeligkeit und Herzensfreude. Und gerade diese echte Herzensfreude brauchen wir in unserer unaufhaltsamen, furchtbar unruhigen Zeit notwendiger denn je. Um die Adventwochen sinnvoll zu gestalten, wurden in früheren Zeiten laute Vergnügungen und Hochzeiten untersagt. Auch das hatte sein Gutes. Die Adventwochen sollten, wie es schon vor 2000 Jahren war, der Vorbereitung auf die Ankunft Christi dienen. Nur das ist der wirkliche Sinn der Vorweihnachtszeit. Unsere Ahnen haben es trotz schwerer Zeiten so gut verstanden, durch Frohsinn und Pflege sinnvollen Brauchtums nicht nur sich selber, sondern auch den Mitmenschen Freude zu machen. Es klang so tief in die gläubigen Seelen der Menschen, wenn an den frühen Adventmorgen die so trauten Glockentöne zu den Rorateämtern zusammenriefen. Wenn dann im Gotteshaus beim heimlichen Schein der vielen Wachslichter auch noch die alten, innigen weihnachtlichen Weisen von der Empore herniederklangen, dann drang die echte adventliche Feierlichkeit in die guten Menschenherzen.

Leider haben wir heute gar viel schon verloren vom eigentlichen Sinn der Vor- und Weihnachtszeit. Der Mensch sollte sich wieder viel mehr selbst angehören und das eigene, bescheidene Glück wieder besser schätzen lernen.

Ich glaube, es wäre gut, wenn man wenigstens jetzt in der lieben Adventzeit am Abend den Fernseher manchmal abschalten würde, um sich selbst anzugehören. Setzen wir uns viel

Christkindlmarkt in Bogen.

lieber ab und zu mit Eltern und Großeltern zusammen und lassen wir uns aus harter, aber frohgesinnter zeit des Land- und Dorflebens erzählen und wir spüren sicher mehr innere Zufriedenheit als bei so manchem Geschrei eines übertriebenen Gaudimachers. Wir dürfen nicht immer auf fremde Einflüsse angewiesen sein. Es wäre nicht nur zu unserem Wohl, sondern auch zur Freude der Alten, wenn wir ihnen durch vernünftige Unterhaltung etwas mehr wirklich verdiente Würde zukommen ließen. Besonders den Kindern sollte der Sinn der vergangenen Zeiten richtig erklärt werden. Gerade diese wichtige Grundlage fehlt heute so vielen Kindern. Selbstverständlich dürfen und sollen wir einen sauberen, vernünftigen Fortschritt entgegennehmen, aber nur mit Maß und Ziel. Wichtig ist, daß wir uns dabei nicht selbst verlieren. Pflegen wir jetzt in der Adventszeit gutes, überliefertes Brauchtum. In vielen Familien hat sich wieder viel gutes, religiöses Brauchtum eingebürgert, zum Wohle der Familie. Besonders auch durch Geschichten und durch Singen von frohen Liedern kann die Adventszeit verschönert werden. Eine recht dankbare Aufgabe wäre es auch für alle Kindererzieher, wie auch für Zeitungen, Rundfunk und Fernsehen, durch gute sinnvolle Beiträge den Kindern gutes Beispiel zu geben. Sind wir stolz auf unsere guten bayerischen Weihnachtsbräuche und Sitten und lassen wir uns doch nicht von Menschen beeinflussen, die den Sinn unserer guten Sitten gar nicht verstehen. Kinder, Eltern und Großeltern müssen wieder, wie einst, besser zusammenwachsen. Eine 92jährige brave Großmutter sagte zu mir einmal: „Das kann ich dir gar nicht sagen, wie schön und friedlich so Adventabende gewesen sind. Zum guten Brauch in der Adventzeit gehört auch das Lesen guter Bücher. Und ein recht guter, wertvoller Weihnachtsgedanke wäre auch, wenn man endlich die sinnlose Raserei auf den Straßen verachten würde. Wie vielen, lieben Menschen würde doch Leben und Gesundheit geschenkt. Denken wir darum gerade jetzt in der Adventzeit auch ein klein wenig an unsere eigene Menschenpflicht. Bevorzugen wir wieder mehr Ruhe und Einfachheit. Und es werden unsere Herzen wieder glücklicher schlagen. Auch werden wir den Sinn des Weihnachtswunders besser verstehen, wenn die frohe Botschaft verkündet wird: „Ehre sei Gott in der Höhe und Friede, Friede den Menschen auf Erden“.

Otto Kerscher

Advent!

Wos war dös einst a schöne Zeit
besinnlich, stad mit echter Freid,
mit warma Gmüad und Herzlichkeit
ham sich auf Weihnacht gfreid dö Leit.

Die Christgeburt der Heiligen Nacht
hat d'Leit oi Jahr zum Stauna bracht
Man hot des a scho vorher kennt
in der Erwartungszeit – Advent.

Advent is heit a anders Doa (Tun)
die Christgeburt wird bloß ganz kloa
hergnumma ois Geschäftsaufhänga
heit draht sö Weihnacht bloß ums
Schenga.

Advent is heit a Rennerei
und bist du net ganz vorn dabei
dös hoaßt, du rennst net mit da Masse
bist eh scho bloß no zwoata Klasse.

Und wer laßt sich auf sowos ein
man mecht doch ersta Klasse sei?
Und drum is jedes Jahr aufs nei
da Advent a Hetzerei.

Wenns dann Heiliger Abend wird
is ma meist ausglaugt scho und müad
und ans Wunder der Heiligen Nacht
wird oft bloß no am Rand gedacht.

PONZAUNER WIGG

Es ist Advent. Es liegt bereits viel Schnee. Nebelwolken umhüllen das Dörferl Punzendorf (um 1970).

Advent im Woid

Votraamt und koit is öitz da Woid
voschneibt san olle Steig,
a Sunnastrahl meahr selt'n follt
in deara Jahreszeit.

A jede Stauan kröigt a Haubn,
a jeda Baam a Gwand,
und silbern glanzt da Gartnzaun,
da Winta is im Land.

Und z'nachts heult schöich da
böihmisch Wind,
höarst wöi a wia ra klagt,
er füahrt bergauf, bergab ganz
g'schwind
ins Land, döi wülde Jagd.

In deara Zeit wiad uns verkündt
vom Löicht und Seel'nheil,
Advent, dö Freudnzeit öitz kimmt
für unsa Erd'n weil.

Vier Wocha wart'n sehnsuchtsvoll
döi Mensch'n jung und alt,
bis da Erlöser liegt im Stall
und s'Alleluja schallt.

Dö heilig Nacht voll Löicht und
Glanz
erlösend bist öitz dou,
döi Mensch'n host an Fried'n brocht,
excelsis dei jo.

Aufgeschrieben im Winter 1955
in Waldmünchen von Otto Peisl

Adventskalender aus den dreißiger Jahren.

Auf dem Christkindlmarkt

Ein besonders freudvoller Tag im Advent war in meiner Kinderzeit der Besuch des Christkindlmarktes in Viechtach im Mittleren Bayerischen Wald. Ich war noch ein lausiger Bub, als ich das erste Mal mit meiner Großmutter zu Fuß zum langersehnten Christkindlmarkt mitgehen durfte. Rund elf Kilometer Wegstrecke sind's gewesen, da haben wir gut zwei Stunden laufen müssen. Meine Großmutter hatte ihre schöne, aus Wurzelspänen geflochtene Spitzkirm auf dem Buckel. Was war das für ein seliger Anblick, als wir in den Stadtplatz einbogen!

Wie es bei meiner tiefchristlichen Großmutter Brauch war, machten wir als erstes einen kurzen Besuch in der Pfarrkirche, die direkt neben dem Markt steht. Die Viechtacher Pfarrkirche, Ende des 18. Jahrhunderts erbaut, hat ein wunderschönes Gewölbe mit herrlicher Malerei. Allerlei Blumen ranken auf schneeweißem Grunde. Das Innere der Kirche ist dekoriert mit Stuckarbeiten, alles im Stil des ausgehenden Rokoko. Reizende kleine Englein mit backigen Wangen, ebenfalls aus Stuck, lächeln von den Wänden auf die frommen Kirchenbesucher nieder.

Meine Großmutter nahm ihre Kirm vom Buckel, lehnte sie an die Kirchenwand und kniete sich andachtsvoll in einen Kirchenstuhl. Ich nahm neben ihr Platz. Während meine Großmutter gleich ein Rosenkranzbetterl ums andere fallen ließ, betrachtete ich mit offenem Mund die wunderbare Pracht der Kirche. Nach einer Weile aber konnte ich es kaum erwarten, bis Großmutter endlich das Kreuzzeichen machte und sich zum Gehen

schickte. Sie nahm ihre Kirm wieder auf den Rücken, langte ins Weihwasser und bespritzte auch meinen Stiftenkopf. Mit einem gewissen Frohsinn verließen wir das herrliche Gotteshaus.
Inzwischen waren auf dem Markt eine Menge Menschen angekommen. Männer, damals noch in alter Tracht, Frauen mit langen Kopftüchern führten an ihren rauhen Arbeitshänden vor Freude strahlende Kinder. Der ganze Markt war voller Verkaufsbuden und dazwischen wirbelte es wie in einem Ameisenhaufen. Da gab es herrlichsten, handgefertigten Christbaumschmuck. Wunderschön bemalte und geformte Wachsstöckl lagen in Mengen da, eins schöner und bunter wie s'andere. Vielerlei Andachts- und Heiligenbilder, Mundharmonikas und erst das viele, viele Spielzeug, fast alles noch liebevolle Handarbeit. Als erstes hat mir die liebe Großmutter eine Scheibe Kletzenbrot gekauft. Die hat ein Fünferl gekostet und war unbeschreiblich gut und saftig. Vom Vater hatte ich zwanzig Pfennig mitbekommen und mein Onkel Sepp hatte mir auch noch ein Zehnerl dazugegeben. Viel hat man sich damit freilich nicht kaufen können, aber schon das viele Anschauen der schönen Sachen und das damals noch ruhige Marktleben waren ein herzinniges Erlebnis.

Christkindlbrieflein im Winterfenster.

Es gab damals noch keine Weihnachtsmusik auf dem Marktplatz, sie war auch nicht notwendig. Die Leute waren guter Laune und frohen Herzens!
Meine Großmutter hatte einige Geschenke für ihre erwachsenen Kinder gekauft und verschiedene Dinge für den Haushalt. Schon gegen Mittag machten wir uns wieder auf den Heimweg. Wie oft ich noch umgeschaut habe, bevor wir den lebhaften Markt wieder verließen, das weiß ich nimmer.

Hauptlehrer Hans Hofmann beim adventlichen Musizieren mit seinen Schülern um 1980.

Hausmusik im Advent.

Singen und Musizieren in der Adventszeit

Der unvergeßliche Kim Pauli, der viel Gutes für seine Nachwelt getan und geschaffen hat, hat einmal gesagt: „Die alten Volks- und Heimatlieder waren viel lieber und heimatnaher als so mancher nervenzerschmetternde, landfremde Schlager unserer modernen Zeit." Das Wertvolle an unseren Volks- und Heimatliedern ist, daß sie aus dem harten, aber auch so frohen Volksleben unserer Ahnen entstanden sind. Was wurden doch in der Advents- und Weihnachtszeit in den Bauernstuben frohe Lieder angestimmt. Da die Menschen sehr naturverbunden waren, haben sie selbstverständlich auch heimatverbundene Lieder gedichtet. Schon in der Wiege sangen Mütter ihren Kindern frohe Liedchen vor. Lehrer und Kindererzieher komponierten Mengen von guten Liedern und brachten sie ihren Schülern bei. Nicht wegzudenken von unseren

Die Vorweihnachtszeit ist auch Bastelzeit. Josef Brembeck als talentierter Maler beim Bemalen von Krippenfiguren.

guten Weihnachtsbräuchen sind die schönen Hirten- und Krippenlieder. Diese alten, liebevollen Weisen werden nie unmodern, im Gegenteil, sie bringen immer wieder Gutes aus der Vergangenheit zum Aufleben. Sternsänger sind einst von Dorf zu Dorf gegangen und haben mit ihren Gedichten und Liedern viel Freude unter die Menschen gebracht. In den Roggenstuben haben Mädchen und Frauen am surrenden Spinnrad zweistimmige Lieder gesungen, Lieder, die in die Herzen der Zuhörer drangen.

Adventszeit ist Bastelzeit

Alle Jahre, wenn die langen Adventsabende kommen, wird der Mensch in eine besondere Stimmung versetzt. Die Gedanken der Erwachsenen gehen zurück in die Kinderjahre. Viele Menschen erinnern sich an die Zeiten, da man den Kindern durch einfache Geschenke viel Freude bereiten konnte. Hatten sich die Kinder abends in die Federn verkrochen, so griff mancher Vater zum Bastelwerkzeug. Es gab auf dem Land auch viele sogenannte „Bitzler", die sich freuten, wenn sie in der Vorweihnachtszeit etwas mehr Aufträge bekamen.

Ich erinnere mich noch gut an solche Holzbitzler, die ihre Kleinware in einer Bucklkraxn oder auch im Rucksack von Haus zu Haus trugen, gerne die Ware zeigten und spottbillig verkauften. Was kamen da aus einem abgeschundenen und oftmals geflickten Rucksack für liebe Dinge zum Vorschein! Da gab es hölzerne, buntbemalte Jäger, Hunde, Hirsche und Rehe, geschnitzte Vögel aller Art, hölzerne Trompeten, Nußknacker, Schafböcke, Geißböcke und sogar ganze Kasperltheater.

Und für die kleinen Mädchen sorgten viele Mütter selber für ein liebes Christkindgeschenk: sie machten Puppen. Der Körper wurde meist mit Seegras, Schafwolle oder auch nur mit alten Stoffresten ausgefüllt. Ein einfaches Kleidchen, das Gesicht ein wenig bemalt, und eine liebevolle Puppe war fertig.

Je einfacher eine Puppe war, desto mehr Liebe fand sie, und so ist es wohl auch heute noch.

Besonders in der Adventszeit wurden die Kinder angeleitet zum frommen Gebet (um 1950).

Winterabende bei Großmutter

Gerne erinnere ich mich an die Kinderjahre, wenn uns die Großmutter an den langen Advents- und Winterabenden besuchte. Wir Geschwister freuten uns nicht nur auf den Lebkuchen oder auf das Amerikanerl, das die Großmutter aus dem tiefen Kittelsack zog und austeilte, sondern auch auf ihre vielen, vielen Geschichten. Kaum hatte sie mit den Eltern das Neueste besprochen, kam sie ins Geschichtenerzählen. Wir Kinder saßen um sie herum und horchten, wie man sagt „mit Augn und Maul". Unter Großmutters Geschichten waren oft auch recht gruselige. Wenn sie aber merkte, daß wir Kinder etwas ängstliche Gesichter machten, sattelte sie um und erzählte Märchen und liebevolle Weihnachtsgeschichten. Da gab es zu erzählen von den Sternen am Himmelszelt, vom Nikolaus und vom Christkind und auch von den vielen Englein.

Stundenlang hat unsere Großmutter erzählen können und wir Kinder hätten beinahe das Bettgehen vergessen. Es fällt mir heute schwer, daß ich damals diese Kurzgeschichten nicht alle aufgeschrieben habe. Ein großer Teil aber blieb in meinem Gedächtnis.

Diese alten Geschichten wurden von Generation zu Generation weitererzählt, waren für die Jugend sehr lehrreich und gaben eine gute Grundlage fürs Leben.

Vor der Krippe.

Freudig bewegt.

HEINZ GRATZ

Uralte Weihnachtsbäckereien

(aus der Zeit um 1880)

Weihnachtssterne

8 Eidotter, 1 Pfund Farinzucker (brauner Zucker), 1 Pfund Weizenmehl, Zimt, Nelkengewürz und Zitrone.

Acht Eidotter werden mit einem Pfund Farinzucker schaumig gerührt, dann gibt man etwas abgeriebene Zitronenschale, Zimt und Nelkengewürz dazu und ein Pfund Mehl. Der Teig muß so fest sein, daß man ihn auf dem Nudelbrett abarbeiten kann.
Man walkt ihn messerrückendick aus und „sticht" Sterne davon aus. Vor dem Backen läßt man sie etwas trocknen.

Weiße Lebkuchen

Zucker, Eier, Zimt, Nelken, Mandeln, Orangenschale gerieben, geriebene Zitronenschale, Zitronat, Mehl.

Man gibt in ein halb Pfund Zucker sechs Eidotter und verrührt das einen Viertelstunde mit dem Kochlöffel. Dann gibt man von den sechs Eiern den geschlagenen Schnee (klar) dazu und rührt wieder, bis der Teig dick wird, gibt eine Messerspitze voll gestoßenem Zimt dazu und ebensoviel gestoßene Nelken, halb Pfund Mandeln, sechs Loth (rund 105 Gramm) gewiegtes Zitronat, feingewiegte Zitronenschalen. Wenn das alles gut verrührt ist, gibt man halb Pfund Mehl dazu und nochmals gut vermengen. Diese Masse wird messerrückendick auf Oblaten gestrichen. Als Verzierung in jeden Lebkuchen zwei bis drei Mandeln eindrücken und in der Mitte ein Stückl Zitronat. In mäßiger Hitze backen.

Weihnachtsbrezl

1 Pfund feines Weizenmehl, halb Pfund Butter, halb Pfund Zucker, 5 Eier, 2 Löffel sauren Rahm, etwas gestoßenen Zimt. Glasur: Zukker, Eiweiß, farbigen Streuzucker.

Auf ein Nudelbrett gibt man ein Pfund Weizenmehl, halb Pfund Butter klein geschnitten, halb Pfund kleingestoßenen Zucker, zwei ganze Eier, drei Eidotter, etwas gestoßenen Zimt, zwei bis drei Eßlöffel sauren Rahm. Das alles wird schnell zu einem Teig verarbeitet, dann zugedeckt eine Stunde ruhen lassen. Davon werden dann Brezln geformt; etwa handspannenlange Stränge rollen.
Man bestreicht ein Blech dünn mit Butter, legt die Brezl darauf und bäckt sie bei mäßiger Hitze.
Sind sie dann kalt, so rührt man feingestoßenen Zucker mit festgeschlagenem Schnee vom Eiweiß. Man nimmt so viel Schnee, als der Zucker annimmt, damit man ihn gut rühren kann, und tut auch etwas Zitronensaft bei. Der Zucker muß so lange gerührt werden, bis er ganz dick und schaumig ist. Dann taucht man die Brezln mit der oberen Fläche in den Zuckerteig hinein, legt die Brezl wieder auf das Blech, streut farbigen Streuzucker darauf und läßt die Glasur im Ofen trocknen bis der Zucker fest geworden ist. Bei nicht allzu starker Hitze, damit der Zucker weiß bleibt.

Zwiebelzeltl (Bonbons)

Man gibt ein Pfund geschlagenen Zucker in eine Pfanne und schneidet drei große Zwiebeln in ganz kleine Würfel. Die Zwiebeln gibt man in einen Mörser mit einem Quartl (ein

Quartl war nach Gegend verschieden vier Zehntel oder fünf Zehntel Liter) Wasser, welches nur nach und nach dazugeschüttet wird und stampft ihn fein.
Dann wird er durch ein Tuch gedrückt und der Saft zum Zucker gegossen. Auf starkem Feuer so lange kochen, bis der Schaum anfängt gelb zu werden. Dann schnell auf eine Steinplatte schütten und mit einem Wiegemesser zerschneiden. Von der Steinplatte loslösen und erkalten lassen.

Haarnadeln

Nimm halb Pfund feingestoßenen Zucker vom Zuckerhut, schlage zehn Eidotter daran, dann von sechs Eiern das Klar zu Schnee schlagen. Alles zusammen in einen Hafen und eine Stunde lang rühren. Dann gib 12 Loth (rund 210 Gramm) Mehl dazu und eine feingewiegte Zitrone. Nochmals gut vermengen. Diesen Teig durch einen Trichter drücken, es entstehen Stäbchen (Nadeln). Diese Nadeln auf Papier legen und mit Zucker übersähen. Bei gelinder (leichter) Hitze backen.

Schokoladenküchl

Man nimmt auf acht Loth (rund 140 Gramm) feingeriebenen Zucker, zwei Tafeln feingeriebene Schokolade und vermischt es miteinander auf einem Nudelbrett. Dann nimmt man von einem Eiklar den geschlagenen Schnee und vermischt es mit dem Zucker und der Schokolade. Man macht von diesem Teig kleine Häufchen und drückt darauf einen beliebigen Modl. Man backt sie bei wenig Hitze im Backrohr. Sie laufen schön auf. Man kann sie auch auf Oblaten backen.

Schaumgebäck

Vier Eiweiß, ein gut halb Pfund gesiebten Puderzucker, etwas Vanille.

Vier Eiweiß, Zucker und Vanille verrühren, Masse in Wasserbad mit Schneebesen schlagen, bis sie dickflüssig und weiß erscheint (etwa zehn Minuten). Masse in Spritzbeutel füllen, auf trockenes Papier schöne Formen spritzen und im warmen Raum über Nacht stehen lassen, oder bei schwacher Hitze im Backrohr trocknen. Dann das Papier auf nasses Brett legen, bis sich das Gebäck ablöst. Solches Schaumgebäck wurde noch um 1910 als Christbaumschmuck verwendet.

Schneeballen

Man gibt Mehl auf ein Nudelbrett und mache in der Mitte eine Mulde. Gib halb süße Milch und halb Rahm und fünf Eidotter in die Mehlmulde und mache es zu einem Teig an. Gib auch ein wenig Salz dazu. Walze tellergroße Flecken aus, aber nicht zu dünn, und schneide mit Krapfen-Modl (Radler) zweifingerbreite Stränge ab. Hinten und vorne aber nicht ganz durchschneiden.
Dann mit einem Kochlöffelstiel in der Mitte des Fleckens einmal durchfädeln, wie wenn man einen Strumpf stopft. Den ganzen Flekken samt dem durchgefädelten Kochlöffel vorsichtig anheben, damit das Geflecht nicht ausreißt und in Schmalzpfanne legen. Es bildet sich zu einem runden Ballen (Schneeballen). Zum Backen Kochlöffel herausziehen.

Das Kletznbrot

Das Kletznbrot gehörte früher zum Weihnachtsgebäck. Der Nachbar meiner Eltern hatte, wie damals fast jeder Landhausbesitzer, einige wilde unveredelte Birnbäume, sogenannte Holzbirnbäume. Sie standen im Obstgarten, vor allem aber an Feldrainen oder auch mitten im Feld. Solche unveredelten Obstbäume erreichten ein hohes Alter und in ihren Höhlungen fanden Spechte, Eulen und Eichkätzchen einen sicheren Wohn- und Nistraum. Die kleinen Birnen, die diese verkrümmten Bäume trugen, kamen im Herbst in den heißen Backofen und wurden zu Kletzn gedörrt. Rund acht Tage mußten die Birnen im Backofen sein, bis sie gut durchbacken waren. Diese Kletzn, die das Jahr über in Körben oder Truhen auf dem Dachboden verwahrt wurden, fanden verschiedene Verwendung. Man kochte daraus guten Most, man aß sie trocken wie sie waren, und zu Weihnachten wurden sie fürs gute Kletznbrot gebraucht. Zwei Wochen vor Weihnachten hat die Großmutter in einem großen Holzkar (Holzschüssel) den Teig fürs Kletznbrot angemacht. Viele Gewürzarten hat sie beigegeben: Feigen, zerquetschte Haselnüsse, Zimt, Weinbeeren, Zitronat, Nagerl, Muskatnuß, Orangen, auch ein Tröpferl Schnaps kam dazu, und dann die Kletzn (gedörrte Birnen und einige gedörrte Zwetschgen). Die Kletzn mußten vor dem Anmachen aufgekocht und abgesiehen werden. Dann kam ungefähr dieselbe Menge Mehlteig dazu, alles wurde gut vermengt und geknetet. Der Teig wurde zu Wecken oder Laiben geformt. Auf einem Backbrett trug Großmutter diese Formen hinaus in den Backofen. Mit der hölzernen Ofenschießl schob sie diese Laibl in den Backofen.

Meine Mutter buk sie im Backrohr des Stubenofens. Waren sie durchgebacken, wurden sie abgedeckt und ins Haus getragen. Das mußte immer schnell gehen, damit die Laibl oder Wecken keine Risse bekamen.

Am Heiligen Abend wurden die Kletznlaibl geteilt und verteilt. Seit meiner Kinderzeit habe ich kein so gutes Kletznbrot mehr gegessen.

Kinder beim Plätzerlbacken.

Christbaum und Christbaumschmuck

Der Christbaum hat sich wie der Adventskranz bei uns aus evangelischen Gegenden eingebürgert, zum Beispiel aus Norddeutschland oder dem Elsaß. Der Werdegang unseres Christbaumes reicht viele Jahrhunderte zurück. Wenn auch die ersten nachweisbaren Christbäume, wie in alten Chroniken zu fin-

Christbaum mit altem Schmuck bei Alois Kallus.

den ist, erst um 1600 auftauchten, so reichen seine Anfänge sicher noch weiter zurück. Der Christbaum hat vor allem heidnischen Ursprung. Um böse Geister abwehren zu können, die, wie man glaubte, zwischen Weihnachten und Neujahr viel Macht haben und deshalb unter Mensch und Tier Unheil anrichten können, hing man um diese Zeit grüne Zweige an Türen und in Stuben. Eine Ähnlichkeit gibt es heute noch mit den Barbarazweigen, die am 4. Dezember geschnitten in eine Vase kommen, damit sie am ersten Weihnachtstag blühen, um Gesundheit ins Haus zu bringen und alles Unglück abzuwehren.

Wie sich dann die ersten Christbäume mit Schmuck entwickelten, darüber ist sicher noch manche Forschung notwendig. Wie uns alte Schriften berichten, waren es nicht immer Nadelbäume. Auch Laubbäume verwendete man noch im 17. und 18. Jahrhundert in manchen Gegenden, so zum Beispiel im westlichen Deutschland. Auch diese wurden, wie die Nadelbäume, damals nur mit ganz natürlichen Dingen geschmückt. Vor allem fertigten die Frauen bunten Papierschmuck, wie bunte Rosen, Blumen, Sonne, Mond und Sterne. Dazu wurde der Baum übervoll mit Süßigkeiten behangen, wie Lebkuchen und Zuckergebäck. Äpfel, Birnen, Nüsse fehlten auch nicht. Um dem Baum eine wundervolle Gestalt zu geben, überzog man diese Behänge mit silberoder goldfarbigem Papier. Auf diese Art hielt sich der Weihnachtsbaum einige Jahrhunderte. Außerdem standen solche Weihnachtsbäume nie in Bauernhäusern und schon gar nicht in armen Landhäusern, sondern nur in Klöstern, Pfarrhöfen und bei reichen Bürgersleuten.

Im katholischen Bayern, in Tirol, Oberbayern und in der nördlichen Oberpfalz pflegte man statt eines Christbaums die Weihnachtskrippe, die ja eine echt christliche Grundlage hat. Besonders die katholische Kirche war nicht begeistert von der Einführung eines heidnischen Weihnachtsbaumes. Als um 1800 diese Bäume zusätzlich mit Wachskerzen geschmückt wurden, stand der Einführung dieses Baumes auch in katholischen Gegenden nicht mehr vieles im Wege. Brennende Kerzen versinnbildlichen das Christkind in der Krippe (das Licht der Welt). So nahm man diesen

Baum lieber an und gab ihm, besonders im katholischen Bayern, den Namen „Christbaum".

Als um 1860 in Thüringen die ersten gläsernen Christbaumkugeln hergestellt wurden, kam für den Christbaum eine starke Änderung. Der Baum sollte glitzern vor Schönheit. Von fleißigen, einfallsreichen Frauen wurde zusätzlich noch viel Christbaumschmuck aus Filigrandrähten gemacht. Für die Herstellung der ersten versilberten Glaskugeln verwendete man vor allem natürliche Formen wie Äpfel, Birnen, Nüsse, Pflaumen, dann Glocken, Nikoläuse, Englein, Tannenzapfen und viele Vogel- und Tierarten. Auch versilberte Glasketten wurden gefertigt, die am Christbaum parallel über die Äste gehängt wurden, oder auch in zick-zack von oben nach unten rund um den Baum.

In Niederbayern nahm der Christbaum erst Einzug kurz vor 1900. Viele Landleute, die ihre Kinderzeit um 1900 verbrachten, hatten zu Weihnachten noch keinen Christbaum stehen.

In ärmeren Gegenden, wie zum Beispiel im Bayerischen Wald und in der Oberpfalz, schaffte man sich anfangs nur wenige der Glaskugeln an. Wie mir alte Frauen erzählten, bastelten sie sich bis um 1930 den Christbaumschmuck selber. Man fertigte zum Beispiel kleine Päckchen, gefüllt mit selbstgemachter Schokolade. In schlechter Zeit – zwischen 1905 und 1930 – halfen auf dem Land auch die Männer beim Anfertigen von einfachem Schmuck. Sie schnitten Dorschen und Runkeln in etwa ein Zentimeter dicke Scheiben und fertigten daraus Tierformen wie Rehe und Vögel, aber auch Sterne, Mond oder Schwammerl.

So hat unser Christbaum seit seiner Entstehung schon viele, viele Veränderungen auf sich genommen. Das christliche Sinnbild aber bleiben weiterhin nur die Kerzen, ob Natur oder mit Strom. Und die Gaben unterm Christbaum sollen uns an nichts anderes erinnern, als an das große Geschenk, das uns in die Krippe von Bethlehem gelegt wurde.

Christbaumschmuck aus der Zeit um 1890 bis 1930.

Und Friede den Menschen auf Erden

Millionenfache Not und Tod
durch Kriege – war Europas Brot!
Doch – vom Atlantik bis Ural
soi Frieden sei mit einem Mal!
Koa Kriag soi mehr uns Menschn plogn
derf ma sich traun – dös laut zum sagn?

Ham endlich dö, dö uns regiern
an Wandl kriagd in ihrem Hirn?
Hams eba d'Weihnachtsbotschaft ghört,
daß auf da Welt nur bessa wird
wenn jeds an guadn Willen hot
und den a umsetzt in die Tat?

So hoffma fest, es dad so sei
und ham an Grund uns drüber z'gfrei.
Es wär für d'Leit dös größte Glück
wenn endlich a die Politik
die Weihnachtsbotschaft nützlich macht
die einst verkündt in Heiliger Nacht
den Hirten draußen bei den Herden
„Wer Gott ehrt, findt an Fried auf Erden".

Ponzauner Wigg

Wie ich zum Kripperlfreund geworden bin

In der Umgebung meines Geburtsortes Rattenberg im Vorderen Bayerischen Wald waren zu meiner Kinderzeit die Weihnachtskrippen in den Landhäusern selten. Wir Kinder gingen zur Weihnachtszeit in die Pfarrkirche, um dort die liebevoll aufgebaute Krippe zu bewundern. An materiellen Dingen waren wir Kinder wohl arm, dafür aber reich an wertvollen Erlebnissen. Wenn wir in einem Märchenheft oder auf einem Bilderbogen ein weihnachtliches Motiv entdeckten, schnitten wir es gleich mit der Schere aus, als Dekoration für die Stubenfenster. Alle Jahre, wenn der Winter sich anzeigte, wurden am Wohnhaus die sogenannten Winterfenster angebracht. Zwischen die Fensterscheiben legte man grünes und graues Waldmoos, später auch Holzwolle. Darauf bauten wir Kinder die mit der Schere und Laubsäge ausgeschnittenen Weihnachtsmotive.

Ich war sieben Jahre alt, da stand am Heiligen Abend auf unserem Familientisch mit der birnbaumenen Tischplatte an meinem Stammplatz neben anderen Kleinigkeiten ein kleiner, hölzerner Krippenstall, grün gestrichen und mit Waldmoos bedeckt. Im Stall waren eine Menge kleiner bemalter Gipsfiguren aufgestellt. Unter ihnen auch die Dreikönige. Da ich damals noch keine Ahnung von einer Krippe hatte, hielt ich diese kleinen Dinger für eßbare Zuckerl. Und weil mir von den Dreikönigen der mit dem schwarzen Gesicht am wenigsten gefiel, so habe ich meiner Mutter, die gerade noch am Stubenofen zu tun hatte, zugerufen: „Mama, den schwarzen da, den eß ich zuerst“, und schon war der arme König ohne Kopf.

Meine Mutter hat wohl noch einen Schrei getan, doch es war schon zu spät. Der Vater klebte den Kopf an und der schwarze König

Bäuerliche Krippe bei Autor Otto Kerscher in Furth.

stand wieder neben seinen zwei Reisegenossen im Krippenstall. Nachdem mich nun meine Eltern über die Krippenfiguren aufgeklärt hatten, hab ich mit diesem, meinem ersten Kripperl, eine Riesenfreude bekommen. Ich hab es dann alle Jahre unter unserem kleinen Christbaum aufgestellt.

Als ich von 1945 bis 1948 meine jungen Jahre in russischer Kriegsgefangenschaft verbringen mußte, da hab' ich jedes Weihnachten auch an mein schönes Kripperl gedacht.

Weihnachten 1948 endlich habe ich mein Kripperl mit Freudentränen wieder aus meinem Kleiderkasten geholt und es wie früher unterm Christbaum aufgestellt. Ich glaube fest, daß die lange Abwesenheit von all meinen Lieben viel dazu beigetragen hat, eine besondere Liebe zu Weihnachtskrippen zu bekommen. So habe ich, als ich Geld verdiente, auch recht bald mein Kripperl vergrößert und einen neuen Stall dazu gebaut.

Weil ich schon seit meiner Kinderzeit Freude am bäuerlichen Volksleben habe, stellte ich bald einen kleinen, echten Bauernhof als

Kripperl für eine Herbergssuche zusammen. Ein Krippenfreund sucht sich immer mehr Anregung und es bleibt nicht bei einem einzigen Krippenstall. Seit vielen Jahren baue ich zur Herbstzeit einen neuen dazu. Und alle Jahre wieder geht es, bevor die ersten Schneeflocken fallen, hinaus in den Wald zu steinigen und bemoosten Stellen, um Kripperlmoos und Wurzelwerk zu sammeln. Groß ist die Freude, wenn alle Jahre wieder alt und jung ins Haus kommen zum „Kripperlanschauen".

O feſtliche Zeit,
Die alle erfreut!
Sie lindert die Schmerzen,
Sie wecket die Herzen
Zum Danke, zur Liebe,
Zur himmliſchen Freud.

Der Holzschnitzer Emmeram Rath

Es ist bedauerlich, daß unsere Laienschnitzer so gut wie ausgestorben sind. Gerade aufs Land gehören diese einfach bearbeiteten Holzfiguren. Man verlangt keine Kunstwerke, sondern drückt damit die große Liebe zum Christkind aus.

Einer der wenigen Schnitzer wohnt in Niederachdorf. Es ist der Emmeram Rath. 1914 ist er als Bauernbub auf die Welt gekommen. Er mußte schon beizeiten anpacken bei der vielen Arbeit, die auf einem Hof anfällt. Emmeram hatte aber auch Talente zum Schnitzen. Er bekam es wohl in die Wiege gelegt, weil schon sein Vater die Freizeit mit Schnitzen verbrachte. In den langen Winterabenden war der kleine Emmeram immer ein begeisterter Zuschauer. Emmeram hat wie sein Vater keine Schnitzerschule besucht. Der Vater schnitzte nur mit dem Taschenmesser. Mit diesem begnügte sich auch der junge Emmeram. Für Schnitzerwerkzeug gab es in der damaligen Zeit kein Geld. Vater wie Sohn schnitzten fast ausschließlich hölzerne Pferde. Als Emmeram zwölf Jahre alt war, schenkte ihm ein Bekannter aus München etliche Krippenfiguren. Sie waren Anregung zum Kripperlschnitzen, das Emmerams Lebensaufgabe werden sollte. Er schnitzte nun nicht mehr Pferde wie sein Vater, sondern begann, diese kleine Geschenkkrippe weiter auszubauen, bis sie eine große Bauernkrippe wurde. Es entwikkelte sich beim Emmeram eine besondere Liebe zur Weihnachtskrippe. Freilich hatte er wenig Zeit, seiner Lieblingsarbeit nachzugehen. Die Arbeit auf dem Hof ging vor, so mußte er den schweren Pflug führen. Nur an stürmischen Wintertagen durfte Emmeram sich in der warmen Stube aufhalten und seiner Schnitzerei nachgehen.

Wenn im Winter die Stallarbeit verrichtet war, saß der junge Emmeram oft bis Mitternacht in der Stube am Tisch und werkte an seinen Krippenfiguren. Auch um drei Uhr früh, wenn alle anderen noch schliefen, war Emmeram manchmal schon bei der Arbeit. Wenn andere Bauernburschen im Winter ihre Freizeit beim Eisstockschießen verbrachten, saß Emmeram daheim in der Stube im Herrgottswinkel und schnitzte an seiner Krippe, die etwas Besonderes werden sollte.

Als er zwanzig Jahre alt war, hatte er mehrere Schafe, Kamele und etliche Hirten gebaut. Er befaßte sich auch mit dem Bemalen der Figuren. Dazu verwendete er Reste von Ölfarben, die im Schupfen standen. Sein Eifer wurde immer größer. Manchmal war er mit dem Fahrrad unterwegs, um andere Krippen zu besichtigen.

Da hörte er eines Tages, daß in Schwarzach bei Bogen eine Krippe stehen soll, die mechanisch betrieben werden konnte. Das war wieder ein neuer Anreiz. Eine erste freie Stunde benützte er dazu, mit dem Rad nach Schwarzach zu fahren. Die Klosterschwestern erkannten in ihm sofort einen Krippenfreund und kamen ihm freundlich entgegen. „Anstrengend", sagt Emmeram, sei diese Besichtigung gewesen, „denn ich wollte mir soviel auf einmal merken".

Mit ungeheuerem Eifer ging er daheim ans Werk, seine Krippe mechanisch umzubauen. Es gab viel zu tun, seine Mutter meinte: „Omei Bua, dös bringst du nia zam". Emmeram aber ließ sich nie ablenken. So mühsam er mit dem Taschenmesser die Figuren schnitzte, genauso mühsam baute er aus ausgedienten Grammophonwerken, die er billig kaufte, eine mechanische Krippe.

Die Figuren schnitzte Emmeram hauptsächlich aus Ulmenholz oder aus Fellerstauden. Beide Holzarten sind schwer zu bearbeiten, aber sie brechen nicht so leicht wie Lindenholz. Fürs Lindenholz braucht man gute Schnitzmesser. Oft meinten Bekannte und

Verwandte, Emmeram solle eine Schnitzerschule besuchen. Von daheim aber konnte er nicht weg, und er sollte später als ältester Sohn den Hof übernehmen.

Emmeram aber ist auch ohne Schnitzerschule tüchtig gewesen. Gerade seine einfachen bäuerlichen Figuren passen gut in die Stube seines schönen Bauernhofes. All das brachte nur seine große Liebe zum Schnitzen und zur Weihnachtskrippe fertig. „Die vielen schlaflosen Nächte", sagt er, „reuen mich nicht".

Heute ist er längst fertig mit dem Bau seiner mechanischen Krippe. Da laufen die Schafe auf der Weide im Kreise, ein Schäferhund rennt beschützend um die Schafe herum und ein Hirt gibt mit seinem Hirtenstab die nötigen Winke. Im Stall wiegt ein Engel das Jesuskind. Als Krippenfreund wird man nicht müde, diese herrliche Krippe zu betrachten.

Noch viel mehr aber gehört zu Emmerams Lebenswerk. Er wohnt neben der herrlichen Klosterkirche Niederachdorf. Schon in seiner Jugendzeit half er dem Mesner, zu Weihnachten in der Kirche das Kripperl aufzustellen. Das war für ihn alle Jahre eine große Weihnachtsvorfreude. Das Kripperl in der Kirche war nicht groß. Deshalb schlug er vor, die Krippe für die schöne Klosterkirche vergrößern zu dürfen, und auch zu mechanisieren. Er wolle das alles gern in die Hand nehmen. Man sagte zu, Emmeram machte sich bald an die Arbeit. Zuerst baute er einen mechanischen Opferstock, der eine Einsiedlerklause darstellt. Wirft man eine Münze in den Opferstock, so fängt gleich der Klausner zu läuten an. Als Antrieb verwendete er ein altes Uhrwerk.

Dann begann er, die Figuren der Krippe zu vermehren. Auch diese Krippe ist längst vollendet. Es schweben Engel um die Heilige Familie. Ein Engel spielt vorm Jesuskind Geige. Zwei Dreikönigskinder schwenken je einen Weihwasserkessel, ein Wachposten bewegt sich mit einem Hund vor einer seitlich der Krippe angebrachten Burg. In einer Felsenhöhle tanzt ein Bär. Vor diesem bläst ein Bärentreiber in ein Horn. Als die ganze Mechanik in der Kirche fertig war, funktionierte sie das erste Jahr nicht einwandfrei. Oft kamen aus der Kirche die Leute zum Emmeram und meinten: „Das Kripperl geht nimmer".

Jetzt aber funktioniert das Meisterwerk. Wenig Krippenbesucher werden begreifen, welch mühevolle Arbeit in den beiden Krippen steckt, denn nur wenig Krippen wurden mit so bescheidenem Werkzeug gemacht. Tausenden von Menschen hat Emmeram Rath mit seinen zwei Krippen Freude gemacht, besonders den Kindern. Die größte Freude aber hat Emmeram selbst an seinem Werk, das ihm vortrefflich gelungen ist.

Sein Lebenswerk ist längst fertig, aber der über 80jährige rastet hoffentlich noch lange nicht.

Hl. Familie, von einer Münchnerin besonders liebevoll und gut bäuerlich angefertigt.

Der Hausmetzger

Mein Vater war nicht nur ein hervorragender Werkzeugschmied, sondern auch ein guter Hausmetzger. Das hatte er schon als Bub gelernt. Kleinbauern, Söldner und Häusler konnten sich früher nur einmal im Jahr ein Schlachtschwein leisten. Das taten sie immer kurz vor dem Weihnachtsfest. Es waren alle Jahre dieselben, die zu meinem Vater kamen und fragten: „Sepp, stichst uns heia scho wieda unsa Suggal, gej?“

Obwohl mein Vater von den vielen Überstunden in der Schmiede müde war, konnte er nie „nein“ sagen. Zehn bis fünfzehn Hausschlachtungen führte er alle Jahre aus. Es gab in der Gemeinde mehrere Hausmetzger, viele schlachteten auch selber. Einen Tag vor dem Schlachten schliff mein Vater mindestens zwei lange Messer scharf. Dabei mußten wir Buben den Schleifstein drehen. Am Vorabend richtete sich der Vater den Rucksack zurecht. Er verpackte darin das nötige Werkzeug: den blaugefärbten „Leinenfürfleck“ – auch „Fetzn“ genannt –, die Wurstmaschine, einen Trichter zum Einfüllen der Leberwürste, zwei lange Messer und den Holzschlegel zum Bewußtlosschlagen des Schweines. Der Stiel des Holzschlegels schaute oben vom Rucksack heraus.

Am nächsten Tag schwang der Vater den Rucksack auf den Buckel, nahm den Hackelstecken vom Kleiderrahmen, langte ins Weihwasserkesserl und mit einem „Pfüad euch God“ stand er schon zwischen Tür und Angel. Der Schweinehalter gab dem Schwein an diesem Tag nur wenig zu fressen, damit die Gedärme nicht voll waren. Im Stall wurde dem Schwein ein Strick um ein hinteres Bein gebunden. Das Schwein, das ja schon hungrig war, wurde mit gutem Futter aus dem Stall gelockt, während ein Bursche hinterher den Strick locker führte. Mitten im Hausflur ließ man das Schwein fressen. Währenddessen gab ihm der Metzger mit dem Schlegel aus Birnbaumholz einen wuchtigen und gutgezielten Schlag auf die Stirn. Das Schwein fiel um. Die Lebensgeister regten sich, das Schwein zappelte mit allen Beinen, so daß der Strickhalter alle Kraft aufwenden mußte. Das Schwein wurde von zwei Mann auf den umgestülpten Sautrog gelegt. Der Metzger stach ihm sofort das lange Messer ins Herz. Eine Frau, die mit einem Eimer bereitstand, fing das Blut auf; meist einen halben Eimer voll. Nun hob man das Schwein in den Trog, wo es mit Pech überstreut wurde. Besonders die Haxen mußten fest mit Pech eingerieben werden, weil sich diese Borsten schlecht lösen.

Die Hausfrau hatte inzwischen etliche Eimer mit siedendem Wasser hergerichtet, mit dem das Schwein überbrüht wurde. Nachdem es entborstet war, wurde es an den Hinterbeinen aufgehängt. Der Metzger öffnete den Bauch und entfernte die Eingeweide. Eine unliebsame Arbeit war das Auseinanderlösen und Reinigen der Därme. Das „Inselt“ mußte auch von den Därmen entfernt werden. Währenddessen kochte die Hausfrau in der Stube den Schädel in einem großen Tiegel, dazu auch Magen, Lunge und Leber. War das alles ausgekocht, freute sich die ganze Familie auf das Kesselfleisch. Vom gekochten Schädel bekam jeder ein Bröckl, das man in Salz tauchte und Brot dazu aß.

Nun schnitt man am Tisch Speck zu kleinen Würfeln für die „Röselwürste“. Für den guten Preßsack wurden längliche, dünne Scheibchen geschnitten. Den recht schwammigen Speck sowie Lunge, Leber, etwas mageres Fleisch und etliche altbackene Semmeln und Zwiebeln wurden für die Leberwürste durch die Wurstmaschine gedreht. Das Anmachen und Abschmecken war dann wieder Arbeit des

Hausmetzgers. Alles wurde in die saubergeputzten Därme gefüllt und erwärmt. Dabei mußte die Hausfrau darauf achten, daß das Wasser nicht kochend wurde, sonst wären die Würste geplatzt.
In der Zwischenzeit war die im Hof hängende Sau erkaltet und der Metzger zerlegte sie in Stücke. Da man früher keinen Kühlschrank hatte, hing man die vier Sauhaxen auf den kalten Dachboden, wo sie zur Winterszeit festfroren. Waren die Würste und der Preßsack alle aufgegessen, so machte man erst von den Haxen nach und nach Sulzen. Die Fleischstücke wurden eingesalzen und luftdicht in das Surschaffl gerichtet und gut eingeschwert.
Nun war für den Hausmetzger die Arbeit getan. Er packte sein Werkzeug wieder in den Rucksack. Als Lohn bekam er selten Geld, sondern ein Stück Fleisch, einige Leber- und Blutwürste und einen großen Laib selbstgebackenes Brot.
Daheim freuten wir Kinder uns, wenn wir den Vater zurückkommen sahen, denn dann gab es eine gute Wurst, die zu unserer Kinderzeit selten war.

Bauernweihnacht

D' Straßn und d' Felda und d' Wiesn umadum,
alles is staad, und alles is stumm.
Rührt sie nix, reibt sie nix; schneim tuat's grad gnua,
schneeweiß fallt's oba, und alles deckt's zua.

D' Nacht is so heili; mit da schneeweißn Hand
fahrt's üba d' Acker und am Wald übas Gwand.
Koa oanzigs, kloaleisigs Windal nöt waht;
koa Kuah bruillt, koa Hund bellt, alles is staad.

A windschöls Häuserl steht omat am Berg,
da Weg kraxelt auffi, ganz überzwerch.
Da Zaun is marodi und d' Schindl am Doch,
schmächti han d' Mauan, a Not is's, a Ploch!

Aba d' Fensta, dö leuchtn von am himmihelln Schei.
Ja konn denn dö ruaßige Stubn so hell sei?
A armseligs Bamal stemmt d' Astal in d' Höh,
a Engal am Gipfal, himmihagel, is dös schö!

D' Kerzn auf dö Zweigal funkan umra so froh.
„'s Christkindl", sagt da Vata, „'s Christkindl war do!"
„'s Christkindl?" fragn d' Kinda, ganz glückli schaun s' drei,
„'s Christkindl!" pampft da Ahnherr, hot d' Augn volla Schei.

Es liegt nöt vüll umra, von am Reichtum koa Red;
aba d' Liab und da Glaubn und a herzlis Gebet
und d' Freid und da Friedn, da Friedn is dabei!
Ja kunnt denn dö Stubn no helliachta sei?

D' Nocht steht no draußn; mit da schneeweißn Hand
fahrt s' übas Häusal und am Wald übas Gwand.
D' Reh wechsln außa, und da Mondschei der lacht –
so hell und so heili is dö hochheili Nacht!

Franz Johann Biersack

Tiefverschneit ist der Wald in der Weihnachtszeit.

Unsere Weihnachtskrippen

Um 400 nach Christi Geburt hat der heilige Chrjsostomus gepredigt, es sollten die Weihnachtsgottesdienste gut besucht werden, damit man das Jesuskind in der Krippe in Windeln gewickelt liegen sehe.

Nach Überlieferung soll der heilige Franziskus im Jahre 1223 die erste Weihnachtskrippe aufgestellt haben. Der Franziskanerpater Simon Reider schreibt im Jahre 1926 darüber: „Es war am Heiligen Abend des Jahres 1223. Da befahl der hl. Vater Franziskus einigen von seinen Jüngern, mit ihm sich in ein kleines Wäldchen in der Nähe von Greccio zu begeben. Dort war eine Felsenhöhle, die sich gar wohl zu einem Stalle eignete. Da hieß nun Franziskus seine Jünger, Bündel von Heu und Stroh zu sammeln und sie dort in eine leere Krippe zu legen. Die Jünger vollzogen den Auftrag ihres Vaters und bereiteten eine Krippe und führten auf Geheiß des Heiligen noch einen Esel und einen Ochsen herbei. Als dies geschehen war, hieß sie noch Franziskus einen Altar errichten, auf dem das Meßopfer gefeiert werden könnte. Als es nun Abend geworden war und die Stunde immer näher rückte, von der es hieß, daß die Tiere in der Sprache der Menschen redeten, die Stunde aller Stunden in der heiligsten der heiligen zwölf Nächte, da sendete der große Heilige seine Jünger zu dem Volke, auf daß sie es zusammenriefen und vor die Höhle führten, wo Franziskus auf ganz besondere Weise Weihnachten feiern wollte. Und siehe da, es kamen die Hirten mit ihren Schalmeien, es kamen Frauen und Kinder und alles Volk, um Weihnacht zu feiern. Da ward es hell in dem Walde von Greccio von den zahlreichen Fackeln, die ihr Licht durch die Zweige sandten. Und vor den Altar traten die Priester, um die Weihnachtsmesse zu feiern. Der hl. Vater Franziskus diente als Diakon bei dem Amte. So ward diese Nacht der Ausgangspunkt der volkstümlichen Krippenfeier und die Söhne des hl. Franziskus ihre größten Verbreiter. Seitdem sind Millionen einfacher Leute und Handwerker zu Künstlern geworden wie auch zu Dichtern.

Von der eigenartigen Krippenfeier des hl. Franz in Greccio ist eine neue Begeisterung für die Darstellung des Weihnachtsgeheimnisses in Bild und Figuren ausgegangen. Er hat nicht die Weihnachtskrippe von heute erfunden, ist aber durch seine Feier und durch seinen dreifachen Orden zum Hauptförderer des Krippengedankens geworden. Und namentlich hat er es verstanden, diesen Gedanken volkstümlich, und so breiten Volkskreisen zugänglich zu machen. In unseren Landen führt die Darstellung des Weihnachtsgeheimnisses nach Art unserer Krippen ungefähr auf den Anfang des 17. Jahrhunderts zurück. Vorher kannte man, namentlich am Ausgang des Mittelalters, das sogenannte „Kindleinwiegen“, wobei Krippen- und Wiegenlieder gesungen wurden. Dann gab es damals viele Weihnachts- und Krippenspiele, die manchmal mit großem Aufwand durchgeführt wurden.

Die Maler begannen nach und nach, die Figuren für das Weihnachtsgeheimnis nicht auf goldenen Hintergrund, sondern in eine Landschaft hineinzustellen. Bald stellte man dann bewegliche Figuren auf, und so entstand immer mehr der Krippenberg und Krippenbau von heute. Die ersten Krippen fanden sich in den Klöstern, später kamen sie immer mehr in die Pfarrkirchen, wie auch in die Wohnstuben der Menschen. Das Volk gewann sie lieb, arbeitete an der Krippe, ließ seiner Phantasie und Erfindungsgabe freien Lauf, und so verbreitete und entwickelte sich die Krippe ziemlich rasch und weit. Namentlich war die erste Hälfte des 18. Jahrhunderts eine Glanzperiode für die Krippenbewegung. Besonders in Tirol, Oberbayern und in der nördlichen Oberpfalz wird die Krippe schon Hunderte von Jahren eifrig gepflegt. In Niederbayern hat sich die Weihnachtskrippe erst um 1900 aus Kirchen und Pfarrhöfen auch in die Landhäuser eingebürgert.

Auszug aus einer Wurzelkrippe bei Kerscher in Furth.

Bei der großen Beliebtheit, deren sich die Weihnachtskrippe in unseren Landen rühmen durfte, konnte es gar nicht ausbleiben, daß auch Gegner der Krippe entstanden.
Wie man in der zweiten Hälfte des 18. Jahrhunderts gegen Religion und Glaube mit größter Gewalt und Ausdehnung zu kämpfen begann, so trat man auch gegen die Weihnachtskrippe auf. Bald schon bekamen die Feinde der Krippe solchen Einfluß, daß sogar an verschiedenen Orten Erlässe erschienen, die das Aufstellen der Weihnachtskrippen verboten haben. Teilweise wurden die Krippendarstellungen auf die allerwichtigsten Darstellungen eingeschränkt. So suchte man solche Verbote mit Scheingründen zu rechtfertigen. Der Hauptgrund aber bei allen Kirchenverboten war wohl der: Die Krippe war ihnen damals zu religiös und wo die Krippe stand, wehte noch ein christlicher Geist. Darum stand auf dem Programm der Aufgeklärten: weg mit der Krippe. Das hat damals der Weihnachtskrippe arg geschadet. Figuren und ganze Krippen gingen zugrunde, teils weil vernachlässigt am Dachboden Regen und Staub und Mäuse sie zerstörten, teils weil die Kinder darüber kamen oder später dann die Altertumshändler.
Es sei hier der Text eines Krippenverbotes vom 4. November 1803 in Bamberg wiedergegeben:
„Sinnliche Darstellungen gewisser Religionsbegebenheiten waren nur in einem solchen Zeitraume nützlich, oder gar notwendig, in welchem es an geschickten Religionsdienern fehlte, die Unterrichtsanstalten noch sehr litten und ganz mangelhaft waren und das Volk noch auf einer sehr niedrigen Stufe der Kultur und der Aufklärung stand, daß man leichter durch Versinnlichung der Gegenstände als durch mündlichen Unterricht und Belehrung auf den Verstand wirken und dem Gedächtnisse nachhelfen konnte. Zu diesen sinnlichen Darstellungen gehören die sogenannten Krippen, durch welche die Geschichte der Geburt und einiger anderer Begebenheiten aus dem Leben unseres Heilandes anschaulich gemacht werden wollten. Da die Einwohner der fränkischen Provinzen seit geraumer Zeit so weit in der religiösen Aufklärung fortgeschritten und die Unterrichtsanstalten schon lange dahin gediehen sind, daß es solcher Vehikel zur religiösen Aufklärung und Belehrung nicht mehr bedarf, da die Krippen meistens schon abgeschafft sind und die nur in einigen Kirchen beibehaltenen lediglich kleinen Kindern zum Vergnügen dienen können, so werden die Beamten und Pfarrer angewiesen, die Ausstellung der Krippen, in den Kirchen ihres Amts- und Pfarrbezirkes, wo sie bisher noch üblich waren, künftig nicht mehr zu gestatten."

Der Christbaum als Krippenersatz

Die Krippe ist aus der christlichen Familie nach und nach fast ganz verschwunden. Dafür kam immer mehr jenes Bäumchen, das, reich verziert und hell beleuchtet, am Heiligen Abend der Kinder Augen und Herzen bezaubert und gefangen hält: der Christbaum. Er ist heute Mittelpunkt der Weihnachtsfeier.

Man will den Weihnachts- oder Christbaum des indogermanischen Ursprunges zeigen, manchmal wird er auch als Ableger urgermanischer Gebräuche bezeichnet. Nach Ansicht des Schriftstellers Heinrich Hansjakob ist er die „Erfindung eines Zuckerbäckers oder eines weiblichen Wesens." Nachweisen läßt sich der Christbaum in seiner heutigen Gestalt zum ersten Mal Anfang des 17. Jahrhunderts (1605) in Straßburg. Große Zugkraft hatte er damals noch nicht.

Erst mit Beginn des 19. Jahrhunderts finden wir ihn in Norddeutschland immer häufiger. Von dort drang er nach Süden und fand dann den Weg in die weite Welt. Hauptsächlich wendet ihm der Protestantismus großes Interesse zu und macht ihn zum Mittelpunkt der häuslichen wie auch kirchlichen Weihnachtsfeier. Warum er gerade anfangs des 19. Jahrhunderts so rasche Verbreitung fand, ist teilweise wohl auch daraus zu erklären, weil durch die Glaubenslauheit und Oberflächlichkeit der damaligen Zeit dem Bäumchen, das meistens aller christlichen Zeichen beraubt war, die Wege bereitet waren. Dazu kamen die Krippenverbote. Und so griffen manche auch nach dem Christbaum, um in ihm wenigstens einen Ersatz für die Krippe zu haben. Unseren Kindern namentlich schadet er, weil er der Krippe den Platz verstellt, oder weil dort, wo neben ihm oder unter ihm eine Krippe noch Platz findet, diese ganz übersehen wird beim Funkeln und Leuchten der Kerzen, bei der Überfülle des Schmuckes und der Geschenke.

Übersehen wird die Einfachheit der Hirten, übersehen die Opferwilligkeit der Weisen, übersehen die Armut und Liebe des göttlichen Kindes, überhört wird der Engelsgesang. Vor dem Christbaum denken und schauen die Kinder nur auf den Baum mit seinen goldenen Nüssen und süßen Naschereien. Die Freude dauert nur, so lange ein Kerzlein brennt und so lange etwas herabzunaschen ist.

In diesem Sinne hat der Christbaum viel geschadet, er hat das Weihnachtsfest gerade für die Kinder zu einem weltlichen Fest gemacht, hat den christlichen Gedanken weit in den Hintergrund gedrängt, hinaus vielfach aus der Familie.

Neues Leben für die Krippe

Ein neues Leben ist in der Krippengeschichte seit jener Zeit zu verzeichnen, in welcher in Tirol, dem klassischen Land der Weihnachts-

krippen, beim „Goldenen Hirschen“ in Innsbruck am 19. Mai 1909 der Verein der Tiroler Krippenfreunde, gegründet wurde. Gründer ist Pfarrer Joh. Chrysostomus Mößl, Mitglied des Chorherrenstiftes Wilten. Zweck des Vereins: Abhaltung, Förderung und Fortentwicklung der Weihnachts- und Fastenkrippen sowie der einheimischen, religiösen Krippenkunst. Dazu dienen: Besuch der zur Weihnachts- und Fastenzeit aufgestellten Krippen, freundschaftlicher Verkehr der Krippenfreunde untereinander, Belehrung über Anschaffung, Anfertigung, Behandlung, Ausgestaltung von Krippen sowie Aneiferung dazu in Wort, Bild und Schrift, Fernhaltung unwürdiger Darstellungen, Vermittlung von Verkaufs- oder Kaufanträgen, besonders gefährdeter alter oder künstlerischer Krippen, Sammlung von Schriften und Bildern über die Weihnachts- und Fastenkrippen sowie von Versammlungen. Dieser Verein wurde gut aufgenommen und hat sich rasch entwickelt. Nach und nach haben sich andere Vereine abgespalten und neue sind zustande gekommen, so in Salzburg, Bayern, Böhmen und Westfalen. Neue Feinde der Weihnachtskrippe sind nach dem Ersten Weltkrieg wieder entstanden. Es waren Bestrebungen zu beobachten, die auf nichts anderes hinzielten, als auf neugermanisches Heidentum. An Stelle des Weihnachtsfestes setzte man das heidnische Julfest. Fast kein Wort von dem Kind in der Krippe war mehr zu hören. Noch weiter in der Bekämpfung der Krippe und im Verdrängen des Weihnachtsfestes gingen die Führer des sozialdemokratischen Erziehungs- und Schulvereins „Freie Schule – Kinderfreunde“.

Gott sei Dank kümmerte sich das kleine Volk um solche Einführungen nicht. In den letzten Jahrzehnten bildeten sich neue Krippenvereine, die den Leuten wieder Anregungen und Liebe zur Krippe verschaffen.

Das Aufstellen der Krippenfiguren

Am besten kann man aus dem Aufstellen der Krippenfiguren das Verständnis und den Kunstsinn eines Krippenfreundes beurteilen. Hier seien einige kurze Winke gegeben, wie man die Figuren sinngerecht und geschmackvoll aufstellen kann.

Die Schafe auf der Krippe stelle man immer in größeren oder kleineren Gruppen oder gar in Herden auf. Einzelne kann man etwas abseits von der Herde grasen lassen. So entspricht es der Natur. Unschön ist es, wenn die Schafe verstreut herumstehen. Das Hauptaugenmerk muß jedoch auf das Aufstellen der menschlichen Figuren gerichtet sein. Sämtliche Figuren, einzelne, sowohl wie namentlich die Gruppen, stellt man so, daß sie mit ihren Gesten und Haltungen den Beschauer gleichsam hinweisen und hinführen zum Stall, dem Mittelpunkt der Krippe. Die Krippe oder der Krippenberg soll nicht gar zuviel mit Figuren überstellt sein, so daß die Krippe mehr einem Jahrmarkt gleichsieht. Nicht vergessen soll man, daß die Figuren im richtigen Größenverhältnis angebracht werden. So ist es ganz falsch, wenn zum Beispiel auf einer Krippe ein Haus steht, daneben ein Hirte, der über das Dach hinausragt. Dasselbe ist auch bei den Tierfiguren zu beachten. Jeder Krippenfreund übe sein Auge in der Natur und studiere das Größenverhältnis des Menschen zu seiner Umgebung und wende das Beobachtete auf die Krippe an.

Die Tierwelt in der Krippe

Bei Krippen mit heimatlichem Charakter kann man seiner Phantasie schon etwas mehr freien Lauf lassen. Da können neben den Schafen auch Hirsche, Rehe, Füchse, Hasen, Hühner und andere bäuerliche Tiere Platz finden.

Aber nur mit Maß und Ziel. Löwen, Tiger, Bären usw. haben in der Krippe wohl nichts zu suchen. Die passen in die Kinderspielstube. Bei orientalischen Krippen ist es am besten, wenn man sich mit Schafen, Ziegen, Ochs und Esel, Pferden und Kamelen begnügt. Bei beiden Krippen passen auch Tauben gut auf die Dächer. Es ist sehr wichtig, daß vor allem den Kindern die ganze Krippe immer wieder sinnvoll erklärt wird. Das wichtigste muß das Kind in der Krippe sein.

Auch bei Krippenausstellungen wäre eine gute Erklärung wichtig, da sonst nur auf die Kunst geschaut wird. Wer eine gute Krippe hat, ist reich. Eine Krippe soll der Stolz einer Familie sein!

Krippenlieder

Die Musik übt auf das Gemüt des Menschen eine besondere Macht aus. Darum hat man schon im Alten Testament die Musik in den Dienst Gottes gestellt, namentlich wurde der Gesang gepflegt.

Religiöse Gesänge erheben und erwärmen. Das Volk soll das Kirchenjahr miterleben und am kirchlichen Leben Anteil nehmen.

Bei Rorate-Ämtern sollte viel gemeinschaftlich gesungen werden.

Adventslieder:

Von Beginn der hl. Messe bis zur Wandlung:
Tauet Himmel, den...
Nach der hl. Wandlung: „Maria sei gegrüßt“

Mehrstimmige alte Krippenlieder:

Stille Nacht
Schlaf wohl du Himmelsknabe du
O selige Nacht
Geborn ist uns ein Kindlein klein
Jesuskindlein schlafe ein
Dies ist der Tag von Gott gemacht
Es kam die gnadenvolle Nacht
Zu Bethlehem geboren
Der Tag ist groß und freudenreich
Es ist ein Ros entsprungen.

Mein Traum vom Schnitzen

So lange ich denken kann, träume ich davon, ein Schnitzer zu sein. Ja, es war sogar mehr als ein Traum, ich war mir sicher, daß ich irgendwann einmal schnitzen werde und auch, daß ich die Fähigkeit dazu habe.

Bereits in meiner Kindheit haben mich geschnitzte Figuren, besonders Krippenfiguren, begeistert. Ich beneidete die Menschen, die solche Kunstwerke fertigen können.

Meine Überzeugung, daß ich einmal selbst schnitzen werde, war so groß, daß ich dies auch meinen Freunden und Verwandten erzählte. Auch meiner Frau muß ich dies gesagt haben, weil ich an einem Heiligen Abend vor etwa 15 Jahren einen Satz Schnitzmesser unter dem Christbaum vorfand.

Auch aus hohlen Baumstöcken und Wurzeln lassen sich schöne Krippenställe anfertigen, wie hier bei Alois Kallus, Haselbach.

Bereits zwei Tage später, am Stephanitag, wollte ich beweisen, daß ich das Schnitzen kann. Ein Stück Holz fand sich leicht. Auch die Figur, die entstehen sollte, war bereits entschieden – Kopf, Hände und Füße für einen Hirten. Ich wollte Krippenfiguren fertigen, die meine Frau dann bekleiden sollte. Doch das Ergebnis, wenn man es so nennen kann, war ernüchternd. Der Kopf, der einmal einen Hirten zieren sollte, mißlang total. Eine Kopfform war wohl feststellbar, aber das Gesicht war als solches nicht erkennbar. Ich, der über Jahrzehnte überzeugt war, die Fähigkeiten eines Schnitzers zu besitzen, war von mir und dem Ergebnis des ersten Versuchs tief enttäuscht. Der mißratene Hirtenkopf wanderte in den Ofen und die Schnitzmesser verstaute ich an einem Platz, an dem ich sie wohl nie mehr gefunden hätte. Ich habe mir auch vorgenommen, nie wieder etwas über mein verborgenes „Schnitztalent" zu erzählen.

Es vergingen einige Jahre. Und wieder war es meine Frau, die wohl immer noch an meine „Schnitzerfähigkeiten" glaubte, die mich an meinen früheren Traum erinnerte.

In Straubing, so hatte sie im Straubinger Tagblatt gelesen, wird von der Volkshochschule ein Schnitzkurs für Anfänger angeboten. Das wäre die richtige Gelegenheit, das Schnitzen zu lernen, meinte sie. Ich meldete mich bei diesem Kurs an, etwas widerwillig, muß ich zugeben.

Sechs Doppelstunden verbrachte ich dann im Keller der Elisabethschule in Straubing. Ich begann bereits nach dem ersten Kursabend mit einer Figur. Diesmal entstand eine Tierfigur – ein Löwe. Dieser gelang auch recht ansehnlich.

Beim nächsten Abendkurs präsentierte ich diesen mit etwas Stolz und konnte feststellen, daß die anderen Teilnehmer beeindruckt waren. War ich meinem Traum doch ein Stück nähergekommen? Jede Woche folgte ein neues Stück, eine Madonna, eine Maske und weitere Figuren.

Nun war der Bann gebrochen. Jede freie Stunde verbrachte ich daheim in meiner Bauernstube. Eine „Hoazlbenk“ hatte ich zu einer Schnitzbank umfunktioniert. Das Schnitzen wurde jetzt fast zur Sucht. Manche Nacht saß ich bis 2 Uhr morgens auf meiner Bank. Einige bäuerliche Kreuze entstanden und bald versuchte ich mich auch mit den ersten Krippenfiguren.

Von Bekannten lieh ich mir handgeschnitzte Figuren aus und schnitzte diese nach. Bald folgten auch die ersten Tiere. Ich faßte diese farbig und war mit meinem Werk recht zufrieden.

Meine nächste Krippe entstand wieder durch einen Zufall. Ein Freund schenkte mir eine „Ausschneidkrippe“. Auf Papier gedruckte Figuren, gezeichnet vom Bayerwaldmaler Josef Fruth. Der Maler nannte diese Krippe „Bayerwaldkrippe“. Die Figuren gefielen mir so gut, daß ich den Entschluß faßte, solch eine Krippe zu schnitzen.

Die ersten Figuren schnitzte ich den Papierfiguren nach, dann versuchte ich es ohne Vorlage. Zwei Winter lang schnitzte ich an dieser Krippe. Es entstanden über 80 Figuren für meine „Waldlerkrippe“. Die bäuerlichen Gebäude folgten im nächsten Winter. Meine „Hauskrippe“ war fertig.

Die nächste Krippe entstand, nachdem ich eine herrliche Wurzel gefunden hatte, die als Stall dienen sollte. Diesmal sollten es kaschierte Figuren werden. Dabei werden die Figuren aktgeschnitzt. Dann werden sie mit Stoff bekleidet, der in Leim getränkt wird. Der Leim trocknet und die Stoffe werden dadurch fest. Dann werden Figur und Stoff bemalt. Zwei Krippen mit kaschierten Figuren habe ich bisher gefertigt. So manches Stück kommt aber noch dazu.

Mein Traum vom Schnitzen ist nun doch wahr geworden. Manchen Winterabend verbringe ich auf meiner Schnitzbank, wenn sich auch die „Sucht“ ein wenig gelegt hat . . . Ich trauere nur ein wenig um mein erstes „Werk“, das im Feuer endete – der verunglückte Hirtenkopf.

Alois Kallus

Sei uns gegrüßt, o heilige Nacht!

HEINZ GRATZ

Waldlerhof bei Bayerisch Eisenstein.

Vorweihnachten

Auf den Tagen vor Weihnachten ruht ein besonderer Zauber. In den Kirchen werden jene wunderbaren Lieder gesungen, die ausrufen: „Komm Erlöser, komm!"
In den warmen Stuben werden Kripperlfiguren instand gesetzt. Draußen an der Hauswand lehnt ein Tannenbaum, der am Heiligen Abend in einen wundervollen Christbaum verwandelt wird. Im Wald sind abertausende von Bäumchen und Bäumen weihnachtlich mit weißem Flaum aufgeputzt und mit Eiszäpfchen behangen. Arme Söldnerhäuschen recken nur noch die Dächer aus dem Schnee. Frierende Vöglein suchen Unterschlupf. Hungrige Rehe und Häslein suchen nach Futterresten. Fasane und Rebhühner scharren im tiefen Schnee oder schleichen sich an den Futtertrog der Haushühner. Die blendend weiße Schneedecke ist mit Millionen Sternchen besetzt, die am heiteren Tag wie Diamanten blitzen, in der Nacht aber wie Johanniskäferchen flimmern.
Zur Nachtzeit wird auch das Firmament lebendig. Der Mond zieht mit seiner Pracht mitten über die Himmelsstraße. Am weiten, breiten Himmelszelt tun sich hunderttausend goldene Äuglein auf und strahlen so hell und freudig hernieder wie sonst nie im Jahr. Das, sagt der Volksmund, sind die kleinen Himmelsengel, die still und feierlich über die Täler hinziehen und den Menschen mit ihren funkelnden Sternäuglein geheimnisvoll zuwinken, als wüßten sie etwas Freudiges, das sie noch nicht sagen dürfen.

Von ihnen singt der Dichter Eichendorff in seiner „Tirolerwacht“ so schön:

In stiller Nacht, bei finst'rer Nacht
schläft tief die Welt im Grunde;
die Berge stehen ringsum Wacht,
der Himmel macht die Runde,
Geht um und um, um's Land herum
mit seinen goldenen Scharen,
die Frommen zu bewahren.

Kirche, Haus, Wald, Berge und der Himmel darüber, alles harrt in sehnsüchtiger, ahnungsvoller Erwartung auf den Einen und Einzigen, den Großen, den Guten, den Innigstgeliebten, der in der Heiligen Nacht kommen und unbeschreibliche Freude, Gottes Frieden und reiche Gaben bringen wird allen, die guten Willens sind.

Josef in Nazaret

Da Josef is koa reicher Mo gwesn. Etliche magere Rindl Vieh sand bo eam im Stall gstandn, etliche Schaferl, und ums Haus rum ham a Herd Hühner gscharrt. Die wenigen Stüberl im Haus warn oafach, aber sauber und freundli eingricht. Da Josef is a Zimmamo gwen und mit seim Handwerk hat a a recht große Freud ghabt. Sei Werkstatt is nua kloa gwen, er is ja mit seine Gselln und Lehrbubn dö meiste Zeit auf dö Baustell gwesn. A selbergmachte Hoaslbäng (Schnitzbank) is drinn gstandn in seina Werkstatt und an da hölzern Wand sand dö handgeschmiedetn Bohrer und Stemmeisn ghängt. Seitlich is a kloanö Anricht gstandn, wo dö verschiedna Hobln eanan Platz ghabt ham. An da Wand is aa no a Farbküberl ghengt mit da rotn Rötlfarb. A bsondare Eigenschaft hat da Josef ghabt, er is zu seinö Zimmaragselln recht freundlö gwen. Bo da Arwad hod a gsunga und pfiffa und dö Holzspän, die sand nebmbei grad a so gflogn. Ea hat aa an guatn Charakter ghabt, da Josef, und dös ham seinö Kundschaftn gern gsehgn. Alle Leut ham sö an eam a guats Beispiel nehma kinna.

Maria Verkündigung

Maria Verkündigung. Gut kolorierter Stich, Mitte 19. Jahrhundert.

Dieser Tag erinnert uns alle Jahr, daß Gott einst den Engel Gabriel zua Jungfrau Maria hat gschickt, denn endlich solls belohnt werden dös lange Wartn der Menschheit. Nach altn Schriften solls a Freitag gwesn sei, an dem der Engl dö frohe Botschaft hat verkündt. Maria, so stehts in da Schrift, is in am Kammerl grad in am Gebet versunkn gwesn, wie aframoi a Engl ganz majestätisch voa ia is gstandn. Da Engl hod d'Maria recht freundlö begrüaßt und hod ia dö großö und frohö Botschaft ausgricht: „Du wirst empfangen den langersehnten Gottessohn, dem du den Namen Jesus geben sollst.“ Freudntränen hod d'Maria gwoant und sie hod sich demütig bekennt ais Magd des Herrn. Und wenn die Kirchnglockn alle Tag dreimoi beim Aveläutn dö frohö Botschaft vokündn, so soll ma diese freudigen Klänge würdig in unsre Herzn aufnehma, statt die Kirchnglockn zu hassn.

Maria ging übers Gebirg'

S'Osterfest in Jerusalem is vor da Tür gstandn und dorthi ham sö Maria und Josef auf den weitn Weg gmacht. Während deara weitn Wanderung hams aa no da Stadt Hebron an kurzn Bsuach gmacht, woh die Basl Elisabeth und ia Moo Zacharias gwohnt ham. Da Weg vo Nazaret bis Jerusalem hod scho guad Ding drei Tag dauert und vo dort nach Hebron in Juda sand aa no guadö fünf Stund zum Gehn gwen. Dea weidö Weg hod übers galiläische Gebirg gführt. Füa d'Maria war dea Weg scho beschwerlö, aber sie is'n mit Geduld und Freudn ganga, weil sie hod doch gwußt, daß sie den Gottessohn unterm Herzn trägt. Oft hams rastn müassn allö zwoa und ham dabei a oafachs Essn zu sich gnomma. Endlö sands in da Stadt Hebron okemma. D'Basl is ea scho vo weitm entgegenkomma und sie sand sö volla Freid in d'Arm gfalln. Drei Monat hod sö d'Maria bo da Basl aufghaltn. Und während dera Zeit hod dö Basl an Sohn zur Welt bracht. Man hat den Buam Johannes tauft und ea is sogar später der Täufer Jesu worn.

Maria und Josef reisen nach Bethlehem

Stoamüad und traurö kimmt da Josef a moi hoam vo da Baustell. Von am Botn hat ers erfahrn, daß dös ganzö Judnvolk in Bethlehem eigschriebn wern muaß. Dö Gschicht is füa d'Maria nöt leicht gwen, denn da Weg dorthi war weit und stoanö und d'Maria hod ja scho alle Tag auf ihr harte Stund gwart.
So hams halt in Gotts Nam s'Herrichten ogfanga, wos ma halt oiss braucht füa a so a weite Reis. A warms Gwand, wollene und leinerne Windln, etliche warmö Häuberl und dö dürftige Verpflegung.
Am andern Tag, es is no fast finster gwen, ham alle zwoa scho Nazaret volassn. Vo da Morgnseitn her is da Himmö ganz rot gwesn und so a Morgnrötn bedeut gar nix anders, als a gräußlichs Regnwetter. Wia's also da in Allerherrgottsfrüha durch'n Woid genga, an am Bacherl entlang, da ham runduma scho d'Vögal gsunga.
Af oamoi owa hod sö da Himmö mit schwarzö Wolkn überzogn und a eiskoida Wind is aa no dazua kema. Und scho hods ea dö erstn Regntropfa ins Gsicht gschlagn. Drei Tag hats dauert dö Roas. D'Maria ist oft stehn bliebn und hat gschaut, ob nöt boid dö erstn Häuser vo Bethlehem zum segn sand. Stockfinströ Nacht is gwen, wias endlö Bethlehem voa ea ham ghabt.

Josef und Maria in Bethlehem

Endlö in Bethlehem! Koa Stern is zum segn am Himmelszelt und da Wind is so stark ganga, daß d'Regntropfn an dö Fensterscheibn gworfa hod. Beim allererstn Häuserl hams glei anklopft. Do is dö ganzö Familie beianandagsessn drinn, dö ältern ham übern Kaiser gschimpft und d'Kinda, dö wos Gott sei Dank vo da Politik ninx vorstandn ham, dö ham „fanga" gspuit. „Dös könntn scho bravö Leut sei do drinn", hod da Josef gmoand und hod dabei scho s'zweitemal ans Fenster klopft. Do is a groß Trum Hund aufs Fensterbrettl auffö gsprunga und hod gwerkt wie a Narrischa. Da Hausvadda hod naha s'Fenster aufgmacht und hod außöglurt in dö finsta Nacht. Da Josef hod glei angfangn zon Bettln: „Habts koa Platzerl füa uns, wo ma uns a wengl ausrastn könntn?" Maria und Josef sand patschnaß vorm Fenster gstandn und d'Maria is ganz blaß im Gsicht gwen. Da Vadda in da Stubn drinn hod Mitleid kriagt mit dönö zwoa Leut. Gean, hod a gsagt, tät i euch einalassen, aber unser Häuserl is eh scho vui z'kloa füa unsa große Herd Kinda. Maria und Josef aber wartn no a wengerl am Fenster. Do hörns aframal a Kinderstimm: „Ha Papa, sag a moi, warum host denn dö zwoa arma Leut nöt einalassn, dö könntn doch bei uns wenigstns im Stall schlaffa, no dazua is heut Nacht s'Vieh nöt dahoam, weils da Hannes auf d'Weid außötriebn hod. Nua da Ochs und da Esl stena no draußtn im Stoi." „Ja, Deandl", sagt da Vadda, „warum hast denn dös nöt glei gsagt? Freilö hättns da draußtn schlaffa könna." Da Vadda rumpelt so schnell ea ko zu der Kleiderrahm hintrö, setzt gschwind no sein Werktagshuad auf, rennt außö, sperrt d'Haustüa auf und wui dö zwoa Leut no schrein. Sie sand owa nimma zum segn gwen. Jetza hats'n aber wirklö greut an Vaddan, daß ers abgwiesn hod dö zwoa. Maria und Josef sand inzwischn scho zum reichn Joglbauern nüber ganga gwen und ham aa dort anklopft. Da Joglbauer aber hats glei abgwiesn: „Mia ham koan Platz und füa solchene wiads ihr seids, scho gar nöt." Gibts no a Hoffnung, hod d'Maria gsagt zu sich selber, oder müaß ma dö koidö Nacht im Freien vobringa? Nomoi gengas zruck zu dem kloana Häuserl, do wos vorher scho anklopft ham.

Und wia da Hausvadda gseng hod, daß dö zwoa arma Leut nomoi da sand, do is a grad a so außö gstürzt bo da Haustüa. D'Hausmuadda und d'Kinda ham glei zammgholfa, ham an Stall sauber zammakehrt und ham alles mit frischem Stroh ausglegt. Da Maria sand Dankestränen übers Gsicht glaffa, sie is in den Stall einö und hod sö voa lauta Müdigkeit hinfalln lassn aufs weichö Stroh.

Die Heilige Nacht

Heilige Nacht

Es is Mitternacht. D'Leut ham sö allö zua Ruha glegt und üwaroi is staad worn. Am Firmament hört ma no an ganz staadn froha Gsang und a Musö, grad a so als wenn a Schaar Engl Musikprob hätt, mit Geign, Flötn und Klarinettn. Maria und Josef sand scho tiaf im Schlaf glegn. Sie wern plötzlö von deara Englsmusö wach. Boid drauf liegt nebn da Maria a Kindl. Und dö frohe Englsmusö hod den ganzn Stall durchdrunga. D'Maria hod dös Kindl in ra Fuadakrippn glegt und hod sö hikniad davoa. Sie hatts gar nöt fassn könna, daß do in deara arma Krippn nebn ihr

Weihnachtsgedicht

Schauts no grad dö zwoa arma Leut vo Bethlehem o
wia ma denn so eiskalt sei ko.
An jedn gehts grad no um Geld und Sach,
aber füa an Arma hod ma koa Dach.
Kam owa a Minister daher,
oder sonst a Großer, dös wär a Ehr.
Dea kriagad ganz gwiß a Unterkunft,
und Bier und Brotzeit aa no umsunst.
Und alle tätn Verbeugunga maha
und grüaßn tätns und freundlö laha.
Aber a so a arma Zimmermo,
dea kann schaun wiara mit sein Wei übernachtn ko.
Ja, so iss hoid auf da Wejd, so schlecht sand d'Leut,
a so warns scho früher und a so sands no heut.
In unserm Haus gäbs sowas net,
mia hätt ma für's Christkind scho a warms Bett.
Mia könnt ma gar net so herzlos sei
und lassad ma gern so armö Leut ei.
Und kam d'Maria heut zu mir,
i machad ihr glei auf mei Herznstür.
I nahms so gern mit Freudn auf
es wär ja so viel Segn drauf.

Anneliese Haas

wirklich da Messias liegt, dem sie Fleisch und Lebn hod gschenkt. Dös größte Wunder in der Geschichte der Menschheit. Maria hod ihren Bündl aufgschnürt, den wos mittragn hat dö weite Reis, und hat dös Kind in warmö Windln gwicklt. Da Josef hod sein dickn Mantl auszogn und hod'n aa no über d'Futterkrippn glegt. Maria und Josef knian andächtig vorm Kind. Aframoi ham draussn Hund ogfanga zum belln und schwere Schritt hodma zuara stampfa hörn zum Stall. Und da kommas aa scho eina bei da Stalltür, a ganzö Herd ärmliche Männer. Hirtn sands gwesn und a jeda hat a kloans Gschenk mitbracht. Sie ham sö alle niederfalln lassn vorm Kindl und ham s'erzählen angfanga: „Da hintn am Anger sama glegn, mitn unta dö Schaf. Auf oamoi fanga unsare Hund zum belln o. Mia sama glei aufgsprunga und ham glaubt, es sand am End Wölf um d'Weg. Do segn ma, wia vom Himmö owa a hella Schein auf uns zuakimmt. D'Schaf ham sö allö ganz staad ghaltn und aa dö Hund ham aufghört zum belln. Und naha ham mia a Stimm vonomma: „Ihr Hirtn, fürchts euch nöt, i möcht euch die Botschaft bringa, daß da Heiland geborn is in am Stall in Bethlehem. Und wia da Engl wieder voschwundn is, naha hama mia unsa Schafherdn verlassn und ham uns aufn Weg gmacht, da hea. Da Josef, d'Maria und d'Hirtn sand voller Andacht vorm Kindl kniad. Heilige Stille war im Stall, ma hod Engl spuin hörn und singa „Ehre sei Gott in der Höh und Friedn den Menschen auf Erdn."

Heilige Nacht. Kupferstich um 1790.

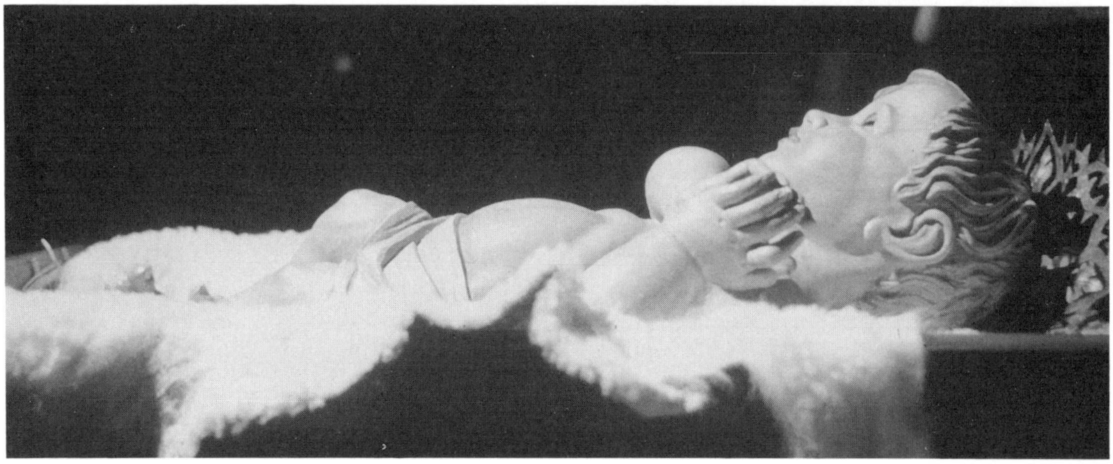

Das Kind in der Krippe (Bogenberg).

Altes Krippenspiel

Aus Schwarzenbach bei Lohberg

Mündlich überliefert, aufgezeichnet
von Rosemarie Zeindlmeier, Furth

(Josef und Maria kommen auf die Bühne)

Josef:

Maria, komm, du deafst nöt vozagn.

Maria:

Woarum soi i an Muat volian?
Laß nua den lieben Gott uns führn.
Mia müaß ma af eam votraua.

Josef:

I woaß, du fügst dö imma gean
dem heiligen Willen unsres Herrn.
Owa mia is heut um di so bang,
ös foid ma schwer, daß du so lang
in koidda Nacht soist mühsam wandern
vo oana Tüa zua andern.

Maria:

O, fürcht dö nöd Josef, laß Gott nur sorgen.

Josef:

Daß du Maria bis zum Morgen im Freien
bleibst ohne Ruh,
dös laßt da liabö Gott nöt zua.
Schau dort is a no a Tüa!
Gott gib daß dö Leid sich nöt weida so hart
zeign.
Mei, alle hams a nöt so bös gmoand,
dö meisten Heisa sand einfach scho voi vo
fremdö Leid.
Mia sand hoid akrat dö letztn woan
durch dö weidö Reis,
und drum is' hoid schwer a Unterkunft zu
findn.
Freilö dös war nöt schee, daß uns oi so hart
ham ogschriean,
und dös is sicher a Sünd vor Gott.

Maria:

Was sündhaft? Dann wolln ma aber den
lieben Großvater
im Himmelreich für diese Menschn heazlö
bittn,
daß a ea gnädig is und dör verzeiht,
was wir durch ihre Schuld gelitten.

(Beim zweiten Wirt)

Maria:

Herr Wirt wir bitten innig um eine
Herberge, der liebe Gott wird Euchs sicher
einmal lohnen.

Josef:

Wirt wir bitten, sei nöt hart zu uns.

Wirt:

Bei mia is koa Platz füa euch!

Wirtstochter:

Geh Vadda, dö guadö Frau hat doch so
lieab gebeten und iara Mo a.
I bitt dö Vadda, geh nimms hoid o,
d'Muadda, wenns no lebn dad, dös woas i
ganz
gwieß, daß ös eine lassad,
Sie hod so oft gsagt „Seit gut zu den
Armen".

Wirtssohn:

Gey Vadda, dö zwoa sand Bedlleid,
dö dadnd uns am End a no wos steyn,
soi a da äbba Peitschn hoin Vadda,
daßt as richtö foaddjagn kannst dö zwoa?

Wirt:

Ja, Bua, geh bring mas!

(Sohn holt die Peitsche)

Wirt zum Mädchen:

Und du schaust daßt einö kimst
und sog ma ja koa soiches Woad mea!

Wirt zum Buben:

So du bist da richtö Bua, a so mag ös.

Wirt zu Maria und Josef:

Und wißts auf euarö Gebete pfeif ö, o han
mei Sach was i brauch und brauch koan
Gottes Segn.

Gehts nua zua und schauts, daß euch da Heagod huift.

Maria:

Du liawa Himmövadda bestrafe nicht die böse Tat, daß dea wieda so hart is zu uns. Vozei dem hartn Mo und mach mit uns wia du moanst,
Mia votraua auf Di.

Josef zu Maria:

Komm Maria mia wolln ma nomö betn und mit Gotteshilfe wia ma sicha dö koidö Wintersnacht aushoidn.

(Josef und Maria begegnen den Geschwistern David [Mann] und Sandl [Weib] bei Nacht)

Maria zu David:

O lieber Mo wißt ihr koa Haus wo mir no über Nacht bleiben könnten?

Sandl gschnappig:

Do miaßts Euch scho auf dö Seitn reim
(zur Stadt zeigend)
ö da Stod do is scho no wea af, verlassts Eich draf!

Josef:

Bei jedn Haus hama scho gebetn
und neamad hod uns afgnuma.

David:

Es duad Not, daß ma ea heyfa,
owa mia hama seywa bloß a kloanö und a schlechtö Hüttn.

Sandl:

I schlof hoid naha af da Ofabäng.

David:

Und i, i lög mö afs Hei und ös zwoa
ös miasts eng hoid än Stoi einö lögn,
do is a woam drinn.
Gengts ei und legts eng nieda und moang' früa,
wenn i d'Suppm kocht han, na schrei eng scho.
Müaßts owa gwiß kema so da Suppm!

Sandl zu Maria und Josef:

Unsa Vadda und d'Muadda, dö sand ganz oam.
D'Muadda hod Gicht ö dö Füaß und kann nimme aussa vom Bett,
owa koas jammad, und wenns no so vui lein müaßadnd.

(Josef und Maria gehen mit Sandl und David in den alten Stall)

(Bei den Hirten auf dem Feld)

Hirten sprechen:

Freuts Euch Leit, weafts Euan Kumma weg,
Habts ös vonumma, da Messias is kumma ausm' Himmö.
Liawä Engln hams uns gsagt, ja gwiß is woa,
dös is a wahre Freid, lobet Gott in Ewigkeit,
Lobet Gott, lobet Gott in Ewigkeit.

(Die Hirten sehen den Stern und rufen:)

Gloria in excelsis Deo!

(Sie suchen und finden das Jesuskind im Stall, sie staunen und fallen auf die Knie, beten andächtig und bringen Gaben)

1. Hirte:

Schau i hon a Milli Frau Maria und duast eam glei a Supperl maha, und wenns eam schmeckt, mei do wiad a laha.

2. Hirte:

I hob eam mitbracht a Haferl voi Honig,
do dunkst eam s'Duzal ei, wenn a äbba nöd guad schlafa duad.

(Sandl und David kommen auch aufgeregt und freudig)

Unsanö Eyddan sand wieda gsund,
d'Muadda kann wieda geh und da Vadda segt
wieda, ja ist dös a Freid!

Gang zur Christmette.

(Die Hirten singen nun)

(Nach beliebender Melodie)

1. Wie schön ist das Hirtenleben, heraußt auf da freien Weid.
   Es kann ja nichts Schöneres geben, drum singa, dös is hoid a Freid.
   Dö Lampal dö springa, dö Glöckerl dö klinga,
   dö Kia gebn uns Mui und d'Schaf Woll,
   mir brauch ma sonst nix, mia sand zf'rien,
   juche und es gfoid uns so wohl.

2. Und wenn uns da himmlische Vadda,
   zu sich ruaft öns Himmöreich nei,
   dann kann er uns scho braucha, dann hod a brave Hirtn, dö wea ma scho sei.
   Dö Lampal dö springa, dö Glöckerl dö klinga,
   dö Kia gebn uns Mui und d'Schaf Woll,
   mir brauch ma sonst nix, mia sand z'frien,
   juche und es gfoid uns so wohl.

Um 1905 wurde dieses Spiel von Schulkindern aufgeführt, mit echt lebendem Kind als Jesuskind.

Zum Abschluß kann auch zusammen mit dem Publikum ein Lied gesungen werden.

Ein Segen hat ergossen

Gemischte Stimmen

Text: Aus G. Brenner: „Engelsharfe", Passau 1866
Melodie und Satz: Xaver Schötz 1986

Weihnachtslegende

Fast zwoatausnd Jahr is scho hea, do hod in Nazaret a Zimmamo glebt und dea Zimmamo hod Josef ghoassn. Und dea Josef is mit einer Frau verlobt gwen mit Namen Maria. Arm sands gwen dö zwoa Leut. Überall aber sands als zwoa bravö Leut bekannt gwen. A moi, um dö Winterzeit is gwen, do kriagns aframoi an Briaf ins Haus, allö Leut müassn zum Rentamt gehn und müassn sö einschreibn lassn. Da Kaiser Augustus, is drinn gstandn, dea wui dös hom und do huift dö ganze Jammerei nix. Dö Herrn werdn halt wieda a Geld braucha, hod d'Maria gmoand und hod dabei traurö in Bodn nei gschaut. Da Josef hat gar ninx gsagt, ea hod sein Werktagshuad aufgsetzt und is wieda auße ganga in d'Arbeit. An Josef hat d'Maria wirklich erbarmt weils doch schwanger war und noch dazua scho kurz vor ihrer hartn Stund. Ja und dann is ea halt nix anders übrigbliebn, als daß a sö warm anzogn ham und ham sö auf den weitn und beschwerlichn Weg gmacht auf Bethlehem einö. Bucklauf und bucklab sands ganga und da Maria iss halt scho richtig hart worn. Stockfinstre Nacht is gwen, wias endlich in Bethlehem ankomma sand. Alle zwoa ham sö von Herzn gfreit und d'Maria erst gar, daß endlich rastn kann und a warms Bett kriagt. Aber dö ganzö Freud, dö is bald fort gwesn. Vo oan Haus zum andern sands gwandert und ham anklopft an da Tür, aber wie ma gsehn hat, daß dös nur zwoa armö Leut sand, hat man sie überall weitergschickt. Und a so sands durch dö ganze Stadt naus komma und ham koa Liegerstatt auftriebn. Stockfinstre Nacht is gwen, nua am Himmel drom han d'Sterndl gfunklt. Und wie's a so dahi genga, noch mit letzter Kraft, so stehnas aframoi vor am hölzern Stall. Nöt a moi a Tür hat er ghabt, der Stall, nur etliche Bauschen Stroh sand an die Tür glehnt gwesn. Da sands glei einö ganga und sand von Herzn froh gwen, daß endlich a Dach überm Kopf ham und etlichö Stund rastn könna. Und wias a Weil drinn sand in dem Stall, da sengs aframoi weit drauß im Freien a Liacht brenna. Dös wean am End Hiadda sei, hod da Josef gmoand. Kaum ham's a wengl eigschlaffa ghabt, iss da Maria plötzlich recht hart worn, sie is aufgstandn und is a wengl im Stall umananda ganga. Da Josef is glei fort, außö zo de Hiadda, und hod um a wengl a Feuergluad bettlt, daß er eihoazn kann drinn in dem kaltn Stall. Und wia da Josef wieda zruck kommt, do segt a, wia d'Maria aus ihrem Armkörbl grad etliche Windln außer suacht. Und nebm ihr liegt auf'm Stroh a wunderschöns Kindl. Und von dem Kind is a Liachtstrahl ausganga, den wos ma überhaupt nöt beschreibn kann. D'Maria hod naha dös Kindl warm eigwicklt und allö zwoa ham sö voll Dankbarkeit und Freud hikniat davor. Und drobn überm arma Stalldach, da sand aframoi a große Herd Engln gflogn und ham so wundaschö gsunga. Und dö Hiadda draußt vom Feld sand dahea kemma, oana nachm andern, oid und jung, und ham sö vors Kindl hinfalln lassn auf d'Knie. Und dö vuin Engerl überm Dach drom, dö ham gsunga so herzlich und wundaschö: „Ehre sei Gott in der Höh und Frieden soll kemma über allö Leut auf da Welt, dö an guadn Willn ham."

Weihnachten vor hundert Jahren im Unteren Bayerischen Wald

Es war um 1970, als ich zur Adventszeit in dem abgelegenen, ruhigen Dorf Thurmannsbang den damals 89jährigen Ausnahmbauer Späth besuchte. Er saß auf der warmen Ofenbank. Ich bat ihn, mir aus den Weihnachtszeiten seiner Kindheit zu erzählen.
„Omei", so hat er gleich angefangen, „damals war alles noch ganz anders. Die Winter warn viel strenger wie heutzutage. Da hat es vor Weihnachtn oft schon Schneestürm ghabt, daßt meinen hättst können, die Welt geht unter, und mortslange Eiszapfn warn oft schon an den Hausdächern. Die Stubnfenster warn so verfrorn, daß man in der Früh nimmer durchgsehen hat. Da waren wir dann oft den ganzen Tag im Stadl und ham mit den Dreschflegeln das Getreid ausgedroschen. Abends sind die Derndln und die jungen Weiberleut mit ihren Spinnrädern in den großen Bauernstuben zum Flachs- und Schafwollspinnen zusammengekommen. Wenn die richtigen Leut beieinander warn, dann sind sie manchmal gleich bis Mitternacht beieinander gesessen. In der Früh ist man schon wieder beizeiten aufgestanden. Die einen haben die Stallarbeit gemacht und eins oder zwei sind ins Rorateamt gegangen. Da hat das Wetter gar nicht so schlecht sein können, daß man so ein Rorateamt versäumt hätt. Wenn's recht finster war, dann hat man ein Laterndl mit einem Kerzerl drin mitgetragen. Auf diese Rorateämter hat man einen besonderen Wert gelegt, und so warn die Kirchn meist gestrotzt voll. Auf der Weiberseitn haben dann die

Nachdenklich sitzt der 89jährige Alois Späth aus Thurmannsbang beim alten Sesselkachelofen und liebevoll erzählte er mir vom Weihnachten seiner Kinderzeit.

Nach der Christmette gab's daheim die gute „Mettenwurst".

Frauen ihre mitgebrachten Wachsstöckl angezündet, da hat alles gfunklt vor Lichter. Die Adventszeit is damals noch recht ruhig verlaufn und ein unnützes Getue hats überhaupt nicht gegeben. Am Heiligen Abend, da war bei uns Fasttag. Es ist alter Brauch gwesn, daß am Heiligen Abend arme Leut, die viel Kinder ghabt haben, beschenkt wurden.

Wenn Bauern geschlachtet haben, dann haben die Bauernkinder Leberwürst und Rößlwürst und eine Krugl voll Britsuppe zu diesen armen Leuten getragen. Abends nach dem Füttern ist in der Stube laut der freudenreiche Rosenkranz gebetet worden, dabei hat auf dem Tisch ein Wachsstöckl gebrannt. Dann hat eins das Weihnachtsevangelium vorgelesen. Da ist es so mäuserlstaad gewesen in der Stube. Vom Christkind, da hats zu meiner Zeit noch fast nichts gegeben. Ein bisserl was Gestricktes und Äpfel und Nüß. Aber wir warn zufriedn und habn unser Freud gehabt."

Weihnachten meiner Kinderjahre

Sehr gefreut haben wir Kinder uns auf den ersten Schnee. Bei unserm Nachbarn, dem Gschwendner, hatten sie einen Knecht mit verfrorenen Ohrwascheln. Und dieser Knecht, der hat uns schon immer voraussagen können, wann der Schnee kommt. Wenn nämlich seine verfrorenen Ohren und Fersen recht gekitzelt haben, dann hat man fast mit Sicherheit gewußt, daß Schnee kommt. Das war für uns ein ganz natürlicher Wetterbericht.

Wenn dann die ersten Schneeflocken auf die hartgefrorene Landschaft wirbelten, wenn abends durch die kleinen Stubenfensterscheiben die brennenden Petroleumlampen oder Kerzen gelbe Strahlen hinaus über den Neuschnee huschen ließen, dann war das schon vorweihnachtlicher Zauber. Wenn die weißen Flocken lautlos heruntergefallen sind und am nahen Waldrand den jungen Fichten weiße Zipfelhauben aufgesetzt haben, dann hielt uns Kinder nichts mehr in der warmen Stube. Und hatte der Schnee in wenigen Stunden die Landschaft märchenhaft verwandelt, dann war das für uns nicht nur die erste Winterfreude, sondern es wurden zugleich auch die ersten Weihnachtsgedanken wach. Wenn an den vorweihnachtlichen Winterabenden die Stallarbeit verrichtet und das spärliche Abendessen eingenommen war, dann haben sich die Eltern zu uns Kindern um den großen Tisch unterm Herrgottseck gesessen.

Unser Vater mit seinen vom heißen Schmiedefeuer zerschundenen Händen hat uralte Geschichten erzählt. Es waren Geschichten aus harter, kerniger und kraftvoller Vergangenheit. Zum Teil hatte sie der Vater selbst erlebt, zum größten Teil aber stammten sie aus Großelterns Zeiten. Mit großer Aufmerksamkeit haben wir Kinder zugehorcht, bis die Mutter spätestens um neun Uhr gemeint hat, „so Kinder, jetzt ist aber höchste Zeit fürs Bett."

In aller Frühe stiefelten wir mit einer kleinen Laterne in der Hand zum Pfarrdorf. Wir hörten von weitem schon die Glocken, die die frommen Leute zum Weihnachtsgebet zusammenriefen. Die Kirchenfenster waren hell erleuchtet, in der Kirche sorgten viele brennen-

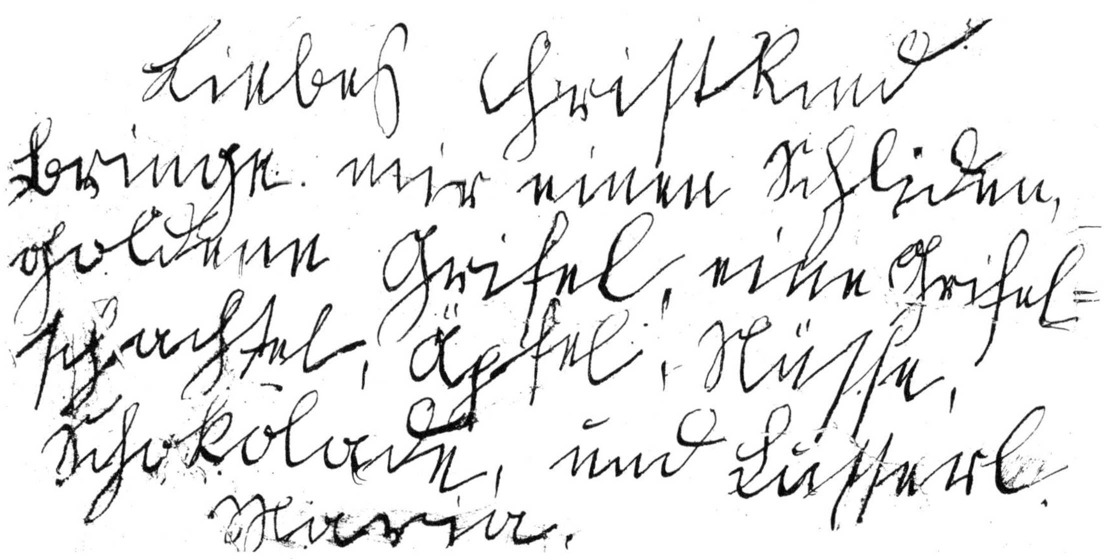
Liebes Christkind
bringe mir einen Schlitten,
goldenen Griffel, einen Griffel=
schachtel, Äpfel, Nüsse,
Schokoladen, und [illegible].
Marie.

Bescheidenes Christkindlbrieflein um 1930.

de Wachsstöckl für matten Schein, alle dem Christkind zu Ehren. Die Rorateämter schätzten wir besonders, denn sie brachten den Christsegen.

Was aus der Kinderzeit noch nennenswert ist, das war das innige Gebet zum Christkind. Mutter hat uns oft belehrt, daß man nach jedem gebeteten Vaterunser ein kleines Holzstäbchen in ein Zündholzschachterl legen soll. Und dieses Zündholzschachterl, das bis zum Heiligen Abend gewöhnlich voll war, haben wir dann am Heiligen Abend ins leere Christkindlteller gelegt, um unser Gebet zu beweisen.

Vierzehn Tage vor Weihnachten haben wir unsere bescheidenen Wunschzettel geschrieben und diese zwischen die Fensterscheiben der Stubenfenster gelegt. Wenn die Eltern vorm Bettgehen nicht vergessen haben, diese Brieflein aus den Fenstern zu nehmen, war für uns die Freude groß. Mit den Nachbarskindern tauschten wir die kleinen Wünsche aus. Wie bescheiden zu meiner Kinderzeit die Wünsche waren, sagt uns ein Christkindlbrieflein aus dem Jahr 1932, das ich vor Jahren auf einem Dachboden der Rattenberger Gegend gefunden habe:

„Liebes Christkind!

Bringe mit einen Schlieden, goldene Griffel, eine Griffelschachtel, Äpfel, Nüsse, Schokolade und Busserl (Plätzchen)

Maria".

Arme Eltern haben die Christkindgeschenke meist selber gefertigt. So war es auch bei uns mit 13 Geschwistern. Unser Vater, ein tüchtiger Werkzeugschmied, hat sich auch aufs Schreinern und Basteln gut verstanden. Wenn der Winter kam, hat er seine Hobelbank in der Stube bei der Tür aufgebaut. Waren wir Kinder abends im Bett, hat der Vater jeden Tag seine Überstunden für uns gemacht und Christkindgeschenke gebastelt. Mutter hat ihm Gesellschaft geleistet mit Socken-, Strümpfe- und Westenstricken, alle aus weißer Schafwolle, gesponnen von unserer Großmutter. Wie oft hat da die Stubenuhr Mitternacht geschlagen und der Vater hat noch immer gehobelt und geklopft.

Etliche Tage vor Weihnachten ist auch bei uns daheim ein Sugerl, der sogenannte Weihnachterer geschlachtet worden. Unser Vater, der nebenbei Hausmetzger war, hat immer gute Leber- und Röselwürst gemacht und auch einen besonders schmackhaften Preßsack. Acht Tage vor Weihnachten ging's alle Jahr ans Plätzerlbacken. Mutter hatte noch Plätzerlmodeln aus Großmutters Zeit, alles weihnachtliche Motive: Sterne, Mond, Herzerl, Nikoläuse, Schafe, Tannenbäumchen und viele mehr. Ja, da wurde manchmal gar gestritten, denn jedes wollte alle Modeln probieren.

So kam nach langem Warten der Heilige Abend. Bei unseren strengchristlichen Eltern galt er als Fasttag. Das hat uns Kindern aber nichts ausgemacht, denn bei uns gabs ja sowieso fast den ganzen Winter Fastenspeis: Kartoffeln und sauere Suppe.

Am Heiligen Abend hat's für unsere Mutter viel Arbeit gegeben, daß sie oft nimmer wußte, wo sie zuerst anfangen sollte. Schon am frühen Vormittag hat sie die Fletz (Flur) sauber geputzt. Die Stube hat sie auf den Knien mit Aschenlauge und Wurzelbürste geriebelt, da sind die breiten Fichtenbretter schön weiß geworden. Wenn Fletz und Stubn trocken waren, mußten wir Buben zwei große Bündel Roggenstroh aus dem Stadl holen. Je einer wurde in Fletz und Stube gleichmäßig und dünn ausgebreitet.

Wenn abends im Stall abgefüttert war, wurde das Stroh zusammengerafft und in den Stall zum Einstreuen gebracht. Die größeren Buben mußten am Nachmittag den Vater im Stadl noch Gsod (Hexel) schneiden helfen für die Feiertage. Wurde es dunkel, so ging es bei uns Kindern ans Christkindltellersetzen. Jedes legte einen Zettel ins Teller mit Vorna-

men, damit das Christkind beim Einlegen nichts verwechselt. Immer wieder haben wir die Haustür geöffnet und hinaufgeschaut zum sternfunkelnden Firmament, ob das Christkind schon zu sehen wäre.
Um halb sieben war der Vater mit der Stallarbeit fertig, bei der ich kleiner Knirps ihm geholfen hab. Nun wurde es immer festlicher. Jedes hat eine etwas bessere Montur angezogen. Die Mutter brachte aus einer Kommode ein schön farbiges Wachsstöckl, legte es auf den Stubentisch und zündete es an. Und wenn dann die Mutter die Petroleumlampe auslöschte und nur noch das geweihte Wachslicht flammte, dann spürten wir in unseren Kinderherzen schon ein wenig heiliges Befinden. Wir knieten alle unterm Herrgottseck vor Bänken und Stühlen. Der Vater hatte einen Rosenkranz um seine abgehärteten Hände geschlungen und begann laut mit dem Rosenkranzgebet. Eine Viertelstund dauerte der Rosenkranz. Daß das für uns Kinder nochmals ein großes Opfer war, ist jedem verständlich. „So", sagte der Vater dann, während die Mutter die Lampe wieder anzündete, „jetzt laß ma's Christkindl komma." Das war immer der erlösende Satz. Wir mußten noch für einige Minuten in den Stall hinaus. Vater und Mutter blieben in der Stube und halfen dem Christkind beim Einlegen und beim Christbaum anzünden. Derweil beteten wir im Stall nochmals laut einige Vaterunser. Nachdem die Mutter im Stubenofen nachgelegt hatte, nahm sie das bereitgelegte Glöckerl und läutete durch die geöffnete Stubentür. Endlich! Wir eilten durch die Fletz in die vom Christbäumchen erhellte Stube. Jeder nahm seinen angestammten Platz ein. Unsere Augen strahlten vor Glückseligkeit. Unterm brennenden Christbaum lagen unsere kleinen Geschenke. Mutter fragte: „Und was sagt man?" Schon riefen alle miteinander laut: „Gelts Gott fürs Christkind!" Mit dem Essen unserer guten Sachen sparten wir sehr, sie mußte wenigstens über die Feiertage langen.
Die Mutter hat dann die Kleineren ins Bett gebracht, wir Größeren blieben am Tisch bis es Zeit wurde zur Christmette. Um zehn Uhr rüsteten wir uns zum weiten Weg zur Christmette. Um halb elf verließen wir größeren Kinder mit unserer Mutter die warme Weihnachtsstube, denn bei Neuschnee mußten wir schon eine Stunde waten. Zu meiner Kinderzeit herrschte noch der unschöne Brauch der Schießerei in der Mettennacht. Die einen behaupteten, das Christkind müsse angeschossen werden, andere wollten damit die Rauhnachtsgeister verscheuchen. Auf alle Fälle paßte es nicht in die tiefe Weihnachtsstille. Feierlich klangen die Kirchenglocken durch die Heilige Nacht. Vor der Christmette bliesen bei uns auf dem Kirchturm die Rattenberger Musikanten alte Weihnachtsweisen. Blechmusik und Glockenklang vereinigten sich zu einem würdevollen Akkord. Höhepunkt der Christmette war, wenn alle gemeinsam das schönste Weihnachtslied anstimmten: „Stille Nacht, heilige Nacht". Auch wenn es oft auf dem Heimweg gestürmt und geschneit hat, so waren doch alle in froher Stimmung. Wacherlwarm hatte der Vater daheim die Stube gehalten. Auf dem Tisch dampften die gute Britsuppe und die warmen Mettenwürst. Nach dem Mettenessen unterhielten wir uns nochmals, aber schon im müden Ton über den lieben Abend. Bevor wir in unsere Betten schlüpften, warfen wir einen neugierigen Blick durch die kleinen Fensterl hinaus in die sternenhelle oder finstere Heilige Nacht.

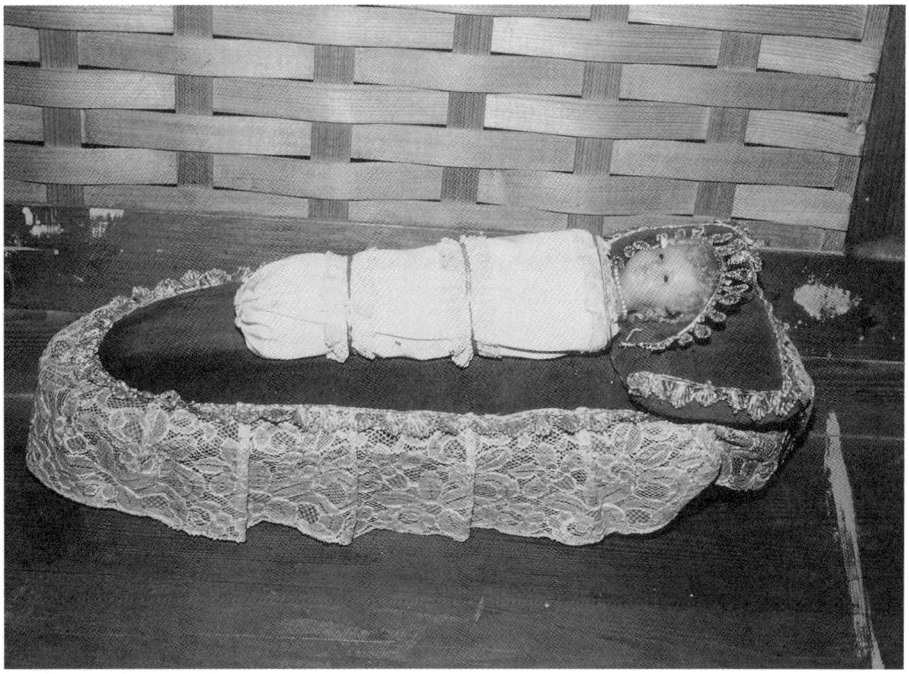

„Fatschnkindl“ (gefertigt um 1850).

Das Stroh am Hl. Abend

Das Stroh diente schon dem Jesuskind als seine erste Liegestatt. Ich erinnere mich an viele Familien, bei denen die Mutter am Vormittag des Heiligen Abend Fletz (Flur) und Stube sauber geputzt und anschließend gleich alles mit langem Roggenstroh ausgelegt hat. Bevor am Abend das Christkind kam, wurde das Stroh in den Stall zum Einstreuen gebracht und alles sauber nachgekehrt. So war der breite Bretterboden schneeweiß und liebevoll hergerichtet „fürs Christkind“.

Hirtenspiel

Von Karl Stiegler

1. Szene

Hansl: *(tritt als erster auf)*
Iazt gehts scho weida ös zwoa Brüata!
Ös sads da scho so launögö Hiata,
da machst was mit, dös is scho arg
ös ziagts enk wie a Strudeltoag!

Seppö: *(kommt als zweiter)*
Was rennst denn a als hätt'st was gstoin.
Da Hiasl der verliert scho d'Sohln!
So rast amal, betracht' dö Liachten,
dö Nacht so hell, scho glei zum Fürchtn.

Hiasl: *(als dritter kommend)*
Mir is scho nimma ganz geheuer
da ganze Himmö is oa Feuer,
iazt kimm i oba vom Draunsberger
und da wird d'Liachten allweil ärger!

Hansl: Ja Hiasl was rödst du da zamm
du woaßt was ma vernumma ham,
a Engel hat dö Botschaft bracht:
Heut kimmt bei uns um Mitternacht
da Gottes Sohn als Kind auf d'Welt!

Seppö: *(zum Hiasl)*
Du bist ja do a recht a Held!
Fürchst du dö Botschaft und den Engel?

Hiasl: Ja, ... gspoaßö is ma scho a wengl,
a so a Nacht, so liacht und hell,
dös is scho seltsam, meinersell!

Hansl: *(zum Hiasl)*
Da brauchst nets Hirn in Falten ziagn,
a Engel wird ja do net lüagn!
Der hats verkünd't mit Glanz und Schimmer!

Hiasl Ja, wann er's gsagt hat, wirds ja stimma!

Hansl: Jazt Buama wird aber dös Gscheida
mir gengan um a Häusl weida,
auf Roßbach und zum Prößl nachha,
dort tuat mei Bruada d'Schaf bewacha!

Hansl: Ja grüaß di Naz! Is guat daß's'd kimmst
(Seppö und Hias grüßen auch:
Naz, grüaß di Gott!)
und daß'd dö Botschaft glei vernimmst!
Bei uns is heut a Engel gwen! ...

Seppö: Da Naz! Dem tan ma schnell dö Post!
Wer woaß hat der scho was dalost
vom Wunder, dös ma heut dalebm! ...

Hias: Ja dort schauts hin? Ja kanns dös gebn!?
Kaum hast jetzt du an Nazn gent
da kimmt er a scho zuwagrennt!
Und wiea er anschiebt! Wia er lauft!
Mi wunderts daß er's nu daschnauft!

Naz: *(fällt ihm ins Wort)*
... Du brauchst gar nimma weiterredn
und kannst da dös Berichten sparn!
I hab dös z'Roßbach a erfahrn,
da Engel selbm hats mir verkünd't,
daß i heut Nacht a Kindl find,
in oana Krippen, in an Stall! ...
I hab zerscht gmoant für s'erstemal
der Engel hat dös grad erfunden
und hat mir da an Bärn aufbundn!
Doh wia i hinschau übern Wald
und siag, wia allsand glänzt und strahlt,
wias plötzlö hell wird in da Nacht
als hättns im Himmö s'Licht aufgmacht,
und wie i dann no mehr und mehr
vo drobm oba dös Singa hör,
da hab i's gwißt; dös is koa Schwindel
und bi glei furt und suach dös Kindl!
Und Gott sei Dank, jatzt triaff i enk! ...

Weihnachtskrippe mit liebevoll geschnitzten Figuren.

Seppö: Paßt's auf Buama, was i ma denk:
Mir habn auf Schnelldorf grad a Stückl
da sagn mas jazt nu gschwind an Wiggl,
daß der dö Botschaft a erfahrt! – –

Hansl: Da Wigg is auf da Huabawoad
und wann i richtö schatzen kann
deut' uns der Stern dö Richtung an!
I moa mia gengan net vui irr?
vielleicht woaß der nu mehr wie mia!

Hiasl: Na is da dös heut Nacht a Rummö!
Jazt rennans nu nach Schnelldorf umö!
Der Wigg schlaft sicher wie a Bär
da muaß scho d'Feuerspritzen her!
I geh halt nach, dann is a Ruah,
hoffentlö haltns no meine Schuah!

Kinder tragen vor Weihnachten eine Muttergottesstatue von Haus zu Haus und bitten für die Muttergottes um Herberge.

2. Szene

Hansl: So Wiggl, jazt kannst weida redn,
wia is dö Gschicht bei dir drent gwen?

Wigg: Also dös oane dag i fix
vo so an Engel woaß i nix!
Dea muaß scho bessa schrein bei mir
mitm Rödn dawöckt mi oana nia!

Hiasl: Ja, ja, dein Schlauf den kenn'i scho
di tragns mit samt'n Stall davon!

Wigg: A b e r , auf oanmal, denkts enks denna
gibt mir im Schlaf da wer an Renna,
i reib ma d'Augn aus, schau auf d'Tür,
da siag i do zwoa Leut vor mir,
a Mannsbild und a junge Frau, – –
und wie i aufsteh dann und schau
da kimmts ma vür als hättn all zwoa
an liachten Schein um Kopf und Haar!

Seppö: Was hast denn naha do? Hast as gfragt?
Wo sands denn her gwen? Hams was gsagt?

Wigg: Da Kaiser Gustl hats befohln
daß allö Bürger zejd werdn soin!
Iazt sands von Nazareth da her,
daß's aufgschriebm werdn solln, –
Sie und Er!

Naz: Vo Nazraeth? – – – Ja mir kimmst recht
der Hatscha is fei nimme schlecht!

Hiasl: Ja mit dem Kaiser is a Ubö!
Der Gustl is vielleicht a Düwö!
Der schafft in Rom drent oafach an!
Soll selber d'Leut zähln, wann er's kann!

Hansl: I moa Hias dös verstehst du nöt! – – –

Wigg: Ja, daß i wieder weida röd:
Da Mann hat nachha gsagt zu mir
sö suachatn a Nachtquartier,

an Stall vielleicht, oder a Hütten!
2 Stund lang tans scho Herberg bitten
und neamd macht auf, und alles is voll
und d'Frau dö fühlt sö gar net wohl!
I moa, dös kennt a unseroans,
i habs glei gsegn, dö kriagt was
Kloans!
I hätts dann in mei' Hütten packt,
do habns alloa sei wolln, hams gsagt,
und draußern Dorf, daß neamd was
siagt
wann d'Muatta dann ihr Kindl kriagt!

Hansl: Dös war bestimmt dös heiö Paar!
Und wo sands nachher hin dö zwoa?

Wigg: I hab da Frau mei Döcken gschenkt
(an mehra hab i a net denkt)
habs dann a Stückl no begleit'
und hab ia hin zum Lindat deut'
dort in da Wies, links in da Mitten,
da steht an Reinthaler sein Hütten,
dort hams a Heu und hams a Dach.

Seppö: Mir geht a Liacht auf? Meinersell!
Genau dort steht der Stern so hell!
Dort is dös große Wunder gscheng!
Dös Gotteskin werdn mia nu segn!

Hiasl: Ja wenn dö Zwoa alloa sei wolln!

Seppö: Geh red net du wieder so geschwolln!
Uns Hiataleut hat do auf d'Nacht
da Engel selbn dö Botschaft bracht!
Der muaß do gschickt wordn sei vo
drobm,
drum gehn ma hin dös Kindl lobm!

Naz: Aber ös müaßt's scho weida denga
und müaßt's dem Kindl a was
schenga!

Hansl: I tat mi glei als erster meldn
an Karpfen hab i und 2 Zeltn!

Naz: I laß mi a bestimmt net netten
und bring an Tögl Blatlfetten!

Das beim Frauentragen mitgebrachte Muttergottesbild wird in den Stuben unterm Herrgottseck aufgestellt und geschmückt. Vor dem Bettgehen wird von allen Angehörigen eine Andacht gehalten zur herbergssuchenden Maria.

Wigg: A Lampö wird dös gscheida, moan i,
damits's a Spielzeug hat dös Kloaneö!

Seppö: Und daß's a weng was ham zum
Tringa
kunnt i eana mei Millö bringa!

Naz: Und du Hias? Was gibst du dazua?
Schenkst ea leicht gar dö z'rissna
Schuah?

Hias: I hab zum Essen nix dabei
vo mir kriagts d' Fäustling und an
Schäu!
Aber dö Schuah, dö alten Trümmer
dö laß i stehn, dö brauch i nimma!
I ghalt jetzt nur mehr d'Söckel an
damit i besser renna kann!
Und kriag i Frostbäuln wie a Faust
i bi als erst beim Kindl draust! ...

(Alle laufen ab!)

Engelverkündigung

(Aus einem alten oberpfälzischen Krippenspiel)

Hirt

Was machst du do, du scheina Boua
Und thuast so spat hoamtreibn?
Siahst nöt, es is ja's Toar scho zua,
Du muaßt herastn bleibn.
Wer wird denn um die zwölfti Stund
No aufm Feld rumstreichen,
Da machen jo die Geister d'Rund
Und thouan um d'Leut rumschleichen.

Engel

Steh auf, steh auf, mein lieber Hirt!
Geschwind mit mir sollst gehen.
Was ich dir jetzo zeigen werd,
Hat noch kein Mensch gesehen.
Steh auf geschwind und folge mir,
Es wird dich nicht gereuen,
Ein Glück ist heut beschieden dir
Du wirst dich hoch erfreuen.

Hirt

O mei, möcht wissen, was dös wa
Daß i soll gar aufsteh,
I lieg jo do scho auf da Strah
Geh furt und laß mi geh.
An ganzn Tag i hürten mouß,
Mou laffa früh und spot
Moin oft i ho kua Händ, kua Füoß
Gfreu mi allemal auf d'Not (Nacht)

(Der Engel geht kopfschüttelnd noch einige Male auf und ab, um das Hirtenkostüm abzulegen; inzwischen nachfolgendes Selbstgespräch des noch immer auf der Streu liegenden Hirten:)

Wollt dea mi no um Mitternacht
Aus meina Ruah aufschrecka
Hob schier bis halbi zwölfi gwacht
Beim Viah, iatz that er wecka.
Na, na, i laß mi nöt narrirn
Von so an junga Mandl
Wer woaß, wo dea mi hin that führn,
Zletzt gabs nu böisi Handl.

Engel

Steh auf! Denn sieh ein Engel bin
von Gott ich hergesendet,
Sei furchtlos, nimm mit frommem Sinn
Die Gnad, die Gott dir spendet.
Dort, wo du siehst den hellen Stern,
Dorthin will ich dich führen;
Bald wirst du auch mit Freuden hörn
Die Engel musizieren.

Hirt

Dort seg i wohl an großn Stern
Der macht viel feuri Straln,
Leucht heller wos zwoa groß Latern,
Er funkelt raus vor alln.
Und obn, so i seg an Glanz,
Da hör i d'Spielleut a.
Hah'n Engel, wennst mi führst zum Tanz,
So tanz i halt mit a.

Engel

Mein lieber Hirt, folg ungesäumt
Mir nach zu jener Stelle,
Sonst ist Dein größtes Glück versäumt
Zum Schaden Deiner Seele.
Dem Himmel sei viel Lob und Ehr,
Den Menschen Fried auf Erden,
weil heut der große Gott und Herr
Selbst Mensch hat wollen werden.

Hirt

Dein Schmatzn that mi schier bewegn
Und gfallt ma a dein Stoilt,
So wart no, laß mi d'Strümpf onlegn
Es is so grimmi koit.
Hah'n Engel sei hoit du so guat
Und geh ma hoit voran,
I werd dir treuli nachigehn
Mach ma im Schnee a Bohn.

Das Kindlein zu ergötzen,
Dort liegt es arm in einem Stall,
Will Adams Schuld ersetzen.

Engel

Der Stern, so glänzt am Himmelszelt
Messiam will anzeign

Sehr lieb gefertigtes Jesulein bei einer Krippenausstellung in Bogen.

Wie er hat wollen auf die Welt
herab vom Himmel steign.
Die Engel musizieren all,

Hirt

Wenn das da kloa Messias wa,
Den wir volanga oi,
So hätt er ja a Hirba a (Herberg auch)
Was thät er denn im Stoi?
Woi i nu gwen a kloana Boua,
Hab i scho schmatzn ghört,
Das Zebta Israels ghört eahm zua,
Sein Vota hats begehrt.

Engel

Er hat die Armut frei gewählt,
Die Menschen zu belehren,
Daß nichtig seien Gut und Geld
Und alle irdschen Ehrn.
Drum geh nur in den Stall hinein,

Das Kindlein zu betrachten,
Und lern vom armen Jesulein
Der Menschen Pracht verachten.

Hirt

Schau, schau, liegts Tröpfl aufm Heu,
Hot frei koa Bettl kriagt,
A oida Mo steht a dabei,
A Jungfrau s'Kindl wiagt.
Für was is denn der Esl da?
Geh, Engl, thuan wegtreibn,
Hot denn der Ochs koan andern Platz,
Daß er beim Kind mua bleibn?

Engel

Drum selber sieh die Armut an,
Vor Kält das Kindlein weint.
In Bethlehem hat jedermann
Die Herberg ihm verneint.
Sogar das unvernünftig Vieh
Will's liebe Kind erwarmen;
Doch sieh, die harten Menschen die,
Sie haben kein Erbarmen.

Hirt

O du mein herzigs Jesukind
Dabarma toust mi recht
Die deini Schmerzen i empfind,
Daß schier i woana möcht.
Geh Engel, sei hoit du so guat
Und thou, wos i di bitt,
Du siagst ja, daß s'Kind friesn thuat,
So trags hoit in mei Hütt.
Mei Lisbeth muaß glei Feua schiern,
Daß s'warme Windln kriagt,
Müaßt ja dös nacket Kind dafriern,
Wenn's nämd mit was vasiagt.
Und d'Goaß werd gmolka auf da Stell,
Daß's a a Milli geit,
Gern gib i's letzte Maßl Mehl
Her für de arma Leut.
Da hast mein herzliabs Jesulein
A Lamperl no dazua
A Loa Brod thuat mi net reun,
Nimms o du kloana Bua.
I bitt di halt, denk amal dro,
Was i dir itz verehr,
Und schau mi allzeit gnädi o,
Wennst wirst a groaßa Herr!

Engel

Mein Hirt! Das arme Jesulein
Will nicht um deines bitten,
Es will in deinem Herzen sein,
Und nicht in deiner Hütten.
Es ist nur kommen auf die Welt,
Die Menschen zu umfangen,
Es braucht kein Ort, kein Gut noch Geld,
Das Herz nur thuts verlangen.

Kinderschlittenfahrt (Oberalteich um 1960).

Weihnachten fern der Heimat

Mein Elternhaus war eine Einöde, romantisch und dicht am Waldrand gelegen. Daß hier besonders gute Familienzusammengehörigkeit daheim war, ist für viele vorstellbar. Man schrieb das Jahr 1945. Er herrschte Krieg, Hunger, Leid und Elend. Am 2. Januar 1945 hab auch ich noch zum Militär fort müssen. Es war für mich noch nicht achtzehnjährigen ein harter Abschied vom vertrauten Elternhaus. Als ich am frühen Morgen mit meinem einfach bepackten Koffer schweren Herzens vor unserer Stubentür Abschied nahm, war der Vater der erste, der mir die Hand drückte und mir noch Trost gab, indem er meinte, der Krieg muß nun doch bald ein Ende haben und dann werden wir uns wiedersehen. Dabei rollten über sein mageres, sorgenvolles Gesicht heiße Tränen. Er selber kannte die Lage am besten, er war doch selber vier Jahre im ersten Weltkrieg. Und als mir meine liebe Mutter die Hand zum Abschied gab, da fragte sie mich noch: „Otto, hast wenigstens an Rosenkranz bei dir?" Sie drückte mir noch einen in die Hand und sagte: „Vergiß ihn auch nicht, wenn immer möglich zu beten." Ja, und dann standen noch meine neun jüngeren Geschwisterchen um mich herum, um mir ihre Händchen zu reichen. Sie waren sich noch wenig bewußt, um was es geht. Ich machte mit verschwommenen Augen noch einen Blick auf den kleinen Christbaum, der noch in weihnachtlicher Pracht zwischen Tisch und Kanapee stand. Meine so tiefsorgende Mutter langte noch tief ins Weihwasserkesserl, um mir noch den nötigen Segen mit hinaus zu geben. Ich verließ tief gesenkten Kopfes unsere gute Stube. Ich wollte, um meinen Eltern den Abschied nicht noch schwerer zu machen, meine harten Tränen verbergen. Ich stiefelte durch tiefen Weihnachtsschnee zum Bahnhof Rattenberg. Ich sah gleich einige Burschen, denen dasselbe Los blühte. Wir unterhielten uns zurückhaltend, denn nicht jeder hatte dieselbe Meinung. Es ging in Richtung Regensburg und von dort nach Oberschlesien und nach zu kurzer Ausbildung an die Front. Es war der achte oder neunte Mai 1945, als uns unser Zugführer vormittags um zehn Uhr um sich scharte und uns freudig erklärte, daß der Krieg zu Ende sei, obwohl laufend schwere Schüsse fielen. Wir nahmen diese seltenen Worte mit Freuden auf. Wie hart wurde es uns aber ums Herz, als er gleich weiterfuhr: „Wir sind leider eingeschlossen und werden wohl den Russen in die Hände fallen. Und so kam es auch. Es folgten qualvolle Tage und Wochen, von denen ich lieber nicht viel erzähle. Im ersten Sammellager Pirna brach nach 14 Tagen schon der Typhus aus und die Kameraden, die wohl die Strapazen des Krieges überstanden, diese Krankheit aber nicht, kamen alle wie Tiere in ein Massengrab. 3000 Mann wurden dann abgeordnet und ich hatte das Glück dabei zu sein.

Nach mehreren Verlegungen von einem Lager zum anderen, landeten wir in der Slowakei. Dort wurden wir in Gruppen aufgeteilt, die meisten verschwanden in Kohlegruben, die anderen auf Bauerngütern. Ich kam glücklicherweise mit einem Kameraden aus der Oberpfalz auf ein Bauerngut in Nischkow. Als wir beide dort ankamen, durften wir in der Küche des Hausherrn kurz Bekanntschaft machen. Wir saßen beide armselig mit unseren verlausten und zerflickten Militärklamotten auf einer langen Wandbank. Vom langen, anstrengenden Marsch hatten wir großen Hunger. Im Lager hatte jeder noch zwei große gesottene Kartoffeln mitbekommen. Diese trugen wir unverpackt als eisernen Bestand in der Joppentasche. Jeder zog nun eine der halbzerdrückten Kartoffeln aus der Joppentasche und biß mitsamt der Schale ab. Der Großbauer,

der einige Brocken deutsch konnte, uns aber nicht besonders gut gesinnt war, meinte, wir bräuchten bei ihm die Kartoffel nimmer mit der Haut essen. Wir bekamen ein Haferl Malzkaffee und ein Bröckerl Schwarzbrot.

Wir gewöhnten uns einigermaßen ein, mußten aber mit unseren total verlausten Kleidern in einem kleinen Holzkammerl wohnen. Es wurde viel und harte Arbeit verlangt, aber wir bekamen wenigstens zu essen, wenn auch mager.

So kam Weihnachten 1945 heran. Wir hatten seit Anfang April keine Briefverbindung mit unserem Elternhaus. Es ist hart, Wochen und Monate in Ungewißheit zu leben. Auch ich konnte meinen Eltern kein Lebenszeichen schicken. Am Mittag des Heiligen Abend 1945 fing es an, sehr dicht zu schneien. Bis zum Abend lag eine Menge Schnee. Alle tschechischen Dienstboten des Hofes wurden abends um halb sechs Uhr vor der Stallarbeit in die Stube gerufen zu einer kurzen Weihnachtsbescherung. Als diese die Stube wieder verlassen hatten, kam die Bäuerin zu uns in den Stall. Wir sollten mitkommen, sie wolle auch uns beiden eine kleine Freude bereiten. Sie merkte, daß wir schon den ganzen Tag traurig waren. Der Großbauer ließ sich nicht sehen. Als wir nun mit unserer spintigen, oft geflickten Kleidung in die Stube kamen, strahlten unsere Augen und Herzen. Auf dem Tisch stand für jeden ein Topf Milchkaffee und daneben für jeden ein halbes Brotkörbl Rohrnudeln, die mit Quark, Marmelade oder mit Mohn gefüllt waren. Wir setzten uns beide zum Tisch und aßen.

Die Bäuerin hatte zwei Kinder im Alter von drei und vier Jahren, einen Buben und ein Mädel. Während wir zwei in seliger Ruhe aßen, rief die Bäuerin die Kinder in die Stube. Und nun wollte die Bäuerin uns zweien mit den Kindern eine kleine Weihnachtsfreude machen. „S'Christkind war in der Kammer drin“ sagte die Mutter zu den Kleinen und öffnete die Kammertür, so daß wir beide auch hineinsehen konnten. Dort war auf einem Hocker ein kleiner Christbaum hergerichtet. Unterm Baum lagen Geschenke für die Kinder und es brannten mehrere Kerzlein daran. Die Kinder taten einen Freudenschrei, liefen aber nicht in die Kammer, sondern in den Hof hinaus, hinüber ins Austragsstüberl, wo die Großmutter wohnte, die den Kindern schon lange vom Christkind erzählt hatte. Sofort also ist diesen Kindern die Großmutter eingefallen, sie sollte mit ihnen die große Freude beim Christbaum erleben dürfen. Ist das nicht mehr als wunderschön? Es dauerte eine Weile, bis die Stubentür aufging und die Kinder mit ihrer Großmutter eintraten. Als ich sah, wie die zwei Kinder an dem weiten Kittel der Großmutter zogen, (sie war kaum mehr gehfähig), eines links und eines rechts, damit sie besser vorwärts kommen sollte und dabei immer wieder mit übergroßer Freude riefen: „Großmutter, Großmutter, s'Christkind war da, da hab ich einen lauten Schmerzensschrei ausgestoßen und fing an laut zu weinen. Ich konnte nicht mehr bleiben, nahm schnell mein Körbl und ging hinaus über den verschneiten Hof in mein kleines, armes und kaltes Schlafkammerl. Erstens sah ich, wie die Kinder mit ihrer Großmutter die größte Freude teilten und zweitens flogen meine Gedanken heim, ob sie wohl alle leben werden und ob ihnen in dieser armen Nachkriegszeit am Hl. Abend auch solche guten Rohrnudeln gegönnt sind. Ich saß auf meinem Strohsack, das Brotkörbl neben mir und betete ein inniges Vaterunser, dabei bat ich die Gottesmutter, daß ich doch wenigstens bis nächstes Weihnachten daheim bei meinen Lieben sein darf. Nach wenigen Minuten kam auch der Hans, mein Kamerad nach, mit seinem Weihnachtskörbl in der Hand. Beide saßen wir uns mit gesenkten Köpfen gegenüber und keiner wagte ein Wort zu reden. Bevor ich die Augen schloß, betete ich noch still einen ganzen Rosenkranz und so konnte ich wieder Mut fassen. Das war mein heiliger Abend 1945. Während des Jahres 1946 wurde mein Kamerad Hans versetzt und ich war ganz allein. Die tschechischen Dienstboten gaben sich mit Deutschen wenig ab. Zur großen Freude bekam ich im Sommer 1946 einen Brief von zu Hause. Als ich las, daß alle am Leben seien, war ich überglücklich. Weihnachten 1946 durfte ich wieder einige Minuten in der Stube mit Kaffee und einem Stückl Kuchen verbringen. 1947 wurde auch ich versetzt auf einen Hof in der Nähe von Deutsch-Brot. Die dortige Bäuerin war mir gar nicht gut gesinnt. Ich betrug mich anständig, erzählte ihnen auf tschechisch an den Winterabenden aus meiner Heimat. So konnte ich mich besser anfreunden als auf dem ersten Platz. Als sich im September 1948 herausstellte, daß ich in meine Heimat entlassen werde, weinten alle Hofangehörigen beim Abschied. Der Bauer mußte mich zum Bahnhof bringen. Der heilige Abend, der mir am allermeisten zu Herzen ging war 1948. Das erste Mal nach fast vier Jahren wieder am Weihnachtstisch bei allen Lieben. Es war noch eine furchtbar arme Zeit. Ein kleines Christbäumchen stand mitten auf dem Stubentisch und rundherum saßen wir Kinder mit den Eltern. Aber da ging meine Mutter in die Kammer und erschien mit einem einfachen rotkarierten Hemd. Sie legte es auf meinen Platz und erzählte mir: „Dieses Hemd hab ich in Cham kaufen können, mit lauter Betteln hab ichs ohne Bezugschein gekriegt, weil ich dem Ladenbesitzer erzählt hab, daß mein Bub aus der Gefangenschaft heimgekehrt ist und nichts zum Anziehen hat. In diesem Jahr 1948 war auch die Geldwährung. Erst nach Wochen hab ich so richtig erfahren, wie meine Mutter Fünferl um Fünferl beiseite gespart hat, um mir nach langer Zeit wieder eine Freud machen zu können. Dieses einfache Hemd wurde für mich eine ungeheuere Freude. Die größte Freude aber war wieder die Heimat und der Weihnachtstisch unter all den Lieben. Um zwei Buben ist während meiner Abwesenheit die Familie noch gewachsen.

Christkindleins Freude

(Eine besinnliche Weihnachtsgeschichte aus dem Bayerischen Wald nach Max Peinkofer)

A lange Zeit is scho hea, da ham sö zwoa armö Leutl vo ihre hartersspartn Markl a kloans Anwesl kauft im Bayerischn Woid. Hoch obm auf'm Berg is dös armö Hütterl gstandn und rundherum sand etlichö Tagwerk Wiesn und Felder glegn. Sonst hod ma eh nix gsegn als lautern Woid. Mit a paar Armseligkeitn sands eizogn in dös arme Hütterl. An altn Kleiderkastn, des was mitbracht ham von dö vieln Jahr Dienstbotnzeit und a alts Bett, des is fast alles gwesn was's ghabt ham. Wenn a Schuldn dagwesn sand auf'm Häusl, so hams halt doch ihre Freud ghabt, daß aa a eigns Dach überm Kopf ham.

In der Kammer wurden am Hl. Abend schon nachmittags die Teller aufs Bett gestellt. Damit sich das Christkindl ja nicht vertut, wird in jedes Teller ein Zetterl mit Namen gelegt.

Viel Jahr is des Anwesl mit dö stoaniga Wiesn und Felda scho ausgschriebn gwen, aber koa Mensch hat sich grissn drum. Denö zwoa arma Leutl aber iss guat gnua gwesn und so hams halt angfanga in Gotts Nam und mit unverzagtn Mut dös gemeinsame Lebn.
Da dürftige Ackerbodn hat unendlich viel Mühe verlangt und hod viel Schweißtropfn kost. Wer an Bayerischn Woid kennt, dea woas ja selber, wia lang do dö Winter oft dauern und no dazua auf a so an Berghäuserl drobn. Gar oft is vorkomma, daß da erst Schnee ins Korn einögfalln is, dös wos no gar net zeitig war und d'Erdäpfl, dö hod ma dö mearan Jahr vom Schnee aussascharrn müassn. S'Weißkraut, dös hod sö da dromad aa nia ghäuplt. Großö alte Fliederstaudn sand um an Hof rum gstandn, aber nia sands richtig zum blühn komma.

So ham also dö zwoa arma Leut a harts Anfanga ghabt. Aber durch ihr unverzagts Herz iss hoid doch langsam vorwärts ganga. Die tausnd Anschaffungen in Haus und Hof, in da Stubn und im Stall, ham dö größte Entbehrung verlangt. Schindn und plagn hams a sö müassn, oft sogar a no halbö Nächt durch und dös bei arma und magerer Kost. A jeds Oa, a jeds halbs Pfünderl Schmalz und jeda Tropfa Milch hod verkauft werdn müassn, damit's wieder etliche Markl Geld eibracht hod. Wia a Schweiners schmeckt, ham dö zwoa arma Leutl kaum mehr gwußt. Für Weihnachten is alle Jahr a Sugerl (Schwein) heagfuadat worn, aber bevors zum Schlachten kemma is, hats halt wieder zum Metzger wandern müassn, damit ma d'Jahreszinsn zahlen hat könna. Erdäpfl und a Herbstmilchsuppn hats alle Tag zwoa, dreimoi gebn, und es hat scho a besondara Feiertag sei müassn, wenns a mal was besseres gebn hod. Aber all dö Müh und Entbehrung ham dö zwoa arma Leut gern tragn, nöt nua füa sich selber, sondern vorallm für d'Kinder, für dö hams ja bsonders gspart, damit ja allö a warms Nest ham. Es is a alter Brauch auf da Welt, daß grad die ärmsten Leut die meistn Kinder gschenkt werdn, so wars auch bo dö zwoa arma Leutl. Fast alle Jahr hat's Kleinste d'Wiagn verlassen müassn, damit wieder a anders Platz hat ghabt drinn. Dö Kinder ham viel Wart, viel Brot und viel Gwand braucht und so hat halt da Vadda nebn da vieln Feldarbeit aa no a wengl im Forst und im

Heiliger Abend in einer kinderreichen Bauersfamilie (um 1970): Das Christkind brachte nur bescheidene Dinge, desto größer aber ist die Freude der Kleinen.

Stoabruch arwadn müassn. Und a so sand 'Jahr voganga und d'Kinda sand heagwachsn und dö Größern, dö wos scho in d'Schul ganga sand, dö hams boid gspannt, daß d'Eltern armö Leut sand. Da Herbst is voganga und Winter is worn. Ganz unverhofft is auf etlichö Tag alles mit Schnee zuadeckt gwesn. Dös niederö Häuserl von dö Arma is so stark im Schnee versunkn, daß ma den Rauchfang kaum mea gseng hod. Ganz verschneit is dann da Hochwoid daglegn in Friedn und Ruah. Bama ham kracht unter der Schneelast und Fuchs und Reh und dö arma Woidvögerl treibt da Hunger zu dö Häuser. Da Vadda is naha mittn in da Stubn gsessn mit an Hauffa Birknreisa und hod Besn bundn. Wie bei an richtign waldlerischen Hausvatern, is a d' Hoaslbäng (Schnitzbank) hint bo da Stubntür gstandn. Auf dera hod da Vadda Holzschuh und Rechen gmacht und Kirmen gflickt. D'Muadda is z'höchst am Tisch om gsessn, daß gsehen hod beim Flickn. D'Kinda sand oizam schmeichelnd um d'Muadda umagsessn und hams hoid recht bitt, sie soi ea doch a wengl wos eazähln vom liam Christkindl, dös doch boid Einkehr hält in des Waldwinters Einsamkeit. Und d'Muadda, dö hod ja so vui Gschichtn erzähln könna und bsonders in dö weihnachtlichen Tag. Do gibts a moi a Geschicht vo dö bösn Geister in da Luft, dö wos a große Gaudi machen und die einsamen Wanderer mit unsichtbare Händ mitreissn. Von da Luzia und vom bluatign Thommerl, vo dö Weihezn und all dö höllischen Geister, die in dö langa finstern Nächt viel Unwesn treibn. Do ham dö Kinder koa Augn und koa Handerl mehr grührt und eiskalt iss es übern Buckl owögloffa. D'Füassal hams unterm Tisch auffa zogn, daß ja nöt so a Unhold dran zupfa kann. Draußn purrt da Wintersturm ums Haus und da Wind hod n'Schnee durch dö Ritzn ön Dachbodn nei triebn, wo dö arma Kinderl ihr Schlafkammerl ghabt ham. Aber nach einer Weil hod d'Muadda aa recht liablichö Gschichtn erzähln könna, dö wos dö kloana Äugerl wieder mit himmlischen Glanz erfüllt ham und die vor Schreck gebleichten Wangerl sand wieder rot wordn. Und dö Kinda ham glust mit Seligkeit, wenn's dö Botschaft von da liabstn Nacht vom Jahr hörn. A so sand die ruhigen Tag im Advent verganga. Do sand a paar Tag vor da Mettnacht dö größeren Kinda von da Schul hoamkemma mit einer ganz aufgeregtn Botschaft. Mit freudigen Augn hams da Muadda erzählt von an ganz wundaschöna Baum. Christbaum hod da Lehra gsagt hoaßt dea Baum und wia d'Schul ausgwesn ist, hod ea da Lehrer den Baum sogar an dö groß Schultafel hinzeichnet. Dönö arma Kinda

Ein Christkindl in der Klosterkirche Oberalteich.

ham naher auf'm Heimweg dö reichn Waldbauernkinder erzählt, daß aa sie dahoam so an Christbaum kriagn. Und naha ham hoid dö arma Kinder ihre Eltern recht schö bitt, sie solln doch aa beim liabn Christkindl a so an Baum oschaffa, sie wärn doch aa brav und ham samt den weitn Schulweg no nia d'Schul versäumt. Da sand d'Eltern mäuserlstaad worn. Aus den traurigen Augn der Muadda sand a paar heimliche Tränen gflossn. Viel Köpf, wenig Verdienst und so a Christbaum kost doch aa allerhand Geld, so gern sie ihn den Kindern vogönna tät. Gestern erst is der Vadda in da Stadt gwesn und hod etliche Hundert Schindelnägl kauft, weils Dach hergricht wern muaß. Koa Pfennig bleibt mehr füa a Weihnachtsgeschenk. A bitterharte Armut. Da heilige Abend ist zuara kemma und s'Christkindl hat n'Himmö verlassn. Ganz staat is owagflogn auf d'Welt und bei jedm Haus is stehn bliebn und hod a wengl füa d'Fenster einögschaut, ob eam aa a würdigö Wohnung is heagricht. Do segt aber s'Christkindl mit traurigö Augn wia in dö reichn Häuser ganze Berg von Geschenken aufm Tisch liegn. G'essn und trunkn is worn, aber vom liabn Christkind is koa Wörterl gfalln. Do is s'Christkindl glei wieder weiter gflogn, nauf auf dö verschneitn Berg, wo arme und einfache Menschen wohnen. Allerweil höher is gflogn und auf oamoi hod aus dem tiafn Schnee a hölzerne Hüttn rausgschaut, es war dös Häuserl vo dö Arma. Do is s'Christkindl glei auf d'Holzschar naufgstiegn, dö wos vorm Haus angricht war und hat durchs kloanö Fensterl neigschaut in die freundlichö Stubn. Da Vadda, d'Muadda und d'Kinder sand ganz staat und innger Freud um an Tisch rum gsessn und da Älter, da Hans hat mit heller Stimm aus am dickn Buach die Weihnachtsbotschaft vorglesn. Und wia ra fertig gwesn is, hatt sich da Vadda ganz staad in d'Kammer nei gschlichn. Er war gar nöt lang drinn und die Kammertür is aufgangen und dö kloanö Stubn is ganz hell worn. Da Vadda hod an kloana Christbaum in da Hand tragn. Etlichö Wachslichtl ham brennt dran und an leinerne Fädn sand neue Schindlnägl ghängt und dö ham im Kerzenschein wie Silber gfunklt. A Christbaum mehr als arm! Fast aus Nichts ham dö Eltern in letzter Stund no den Christbaum herzaubert. D'Muadda hod ihr letztes Stückl vo ihren treuverwahrten Firmwachsstöckl heagnomma und da Vadda hod an dö Äst neue Schindlnägl ghengt. A so hod heilige Liab und gottselige Armut aus dem oafachn Tannabammerl a rührigs Weihnachtswunder gmacht. Und dö Kinda ham sö gfreid und dö glücklichen Eltern mit ihnen und heiliger Weihnachtszauber hat die Hüttn erfüllt von dö Arma. S'Christkindl is allerweil no draußtn gstandn auf da verschneitn Holzschar und hat sich grad so gfreut, weils gsehn hat, daß eam da die richtige Wohnung bereitet war. Es hat sich einögschlichn unter die arma Leut. Gsehn hams ös zwar nöt, aber sie ham sein Friedn gspürt, weils an guatn Willn ham ghabt.

Maria, sieh das Wunder an

Gem. Stimmen

Text und Melodie: Elke Müller, Januar 1985

Satz: Xaver Schötz, November 1993

Gang zur mitternächtlichen Christmette mit Laternen durch tiefen Schnee.

Die himmlische Liegestatt

(Nach Max Peinkofer)

Do hod amoi a recht a brava Bua glebt und dea hod Maxl ghoassn. Auf was sö da Maxl alle Jahr am meisten gfreit hat, dös war d'Advent- und d'Weihnachtszeit.

A mal in da Adventzeit is da brave Onkl, da Hannessl Vetter (a so hod da Onkl mit Hausnamen ghoassn), a paar Tag vor Weihnachtn auf Bsuach kemma. Und mit dem Onkl, do hod sö da Maxl bsonders guat vertragn. Da Onkl, der hod eam allerweil viel erzählt wenns miteinand spaziern ganga sand. A jeds Bleamal hod da Onkl kennt und aa an jedn Vogl an da Stimm. Bei so an Spaziergang do hod da Onkl an Maxl a mal versprocha, wenn er an Tag und a Nacht bei ihm verbringa möcht, naha dürft er in einer himmlischn Liegestatt schlaffa. Da Maxl is glei volla Freid gwesn, hod sei Hütl aufgsetzt und hod sö mit'm Onkl auf den weitn Weg gmacht.

Da Onkl is a oida Junggsell gwesn. An Beruf hat er ghabt, der wo heut längst ausgstorbn is, ea is a Störrschneida gwen. Ea is vo Haus zu Haus ganga und hat füa d'Leut dö schönstn Monturn (Anzüg) gmacht. Überall is da Onkl gern gsegn gwesn, weil er recht viel Gmütlichkeit in die Bauernstubn bracht hod. Da Onkl is a Mo gwen mit vui Erfahrung. Aufgwachsn is er auf einer Einöd ganz am Woidrand. Und in dem Häuserl am Woidrand, do hod da Onkl aa sei Austragstüberl drinn ghabt. Do drinn hod a sö ausgrast, wenn ea am Samstag hoamkemma is von da Störr und dös dürftige Essn, dös hod a sö aa selber kocht. A Wocha vor Weihnachten hod da Onkl alle Jahr ausgsetzt mit da Störgeherei. Ea is dahoam bliebn und hod sö am tiefverschneitn Hochwald aufs Christkindl vorbereitet.

Guadö zwoa Stund sands scho ganga allö zwoa bis endlö vorm Onkl seim Hütterl gstandn sand. Da Maxl hod sö narrisch gfreit, daß er wieda a moi a Nacht im Onkl sein Kammerl vobringa deaf und no dazu af ana himmlischen Liegestatt. Da Maxl hod sö nämlich ganz was himmlisches vorgstellt. Da oidö Kachlofa, dea wos in da Stubn gstandn is, dea is sogar no wacherlwarm gwen. Da Onkl hod glei s'Öllamperl ozent, hod sö beim Ofa hint z'schaffa gmacht und hod Suppen und Erdäpfl kocht. Dös Essn war da Maxl gwohnt, weils dös dahoam aa alle Tag gebn hod. Und wias nacha alle zwee a bissl was gessn ham ghabt, na hod da Onkl a dicks Büahö vo da Fensternischn aussagholt und hod dö schönö Gschicht vorglesn wia Maria und Josef den weitn Weg vo Nazareth nach Bethlehem ganga sand.

Und wia naha da Onkl umra neune vom Bettgehn wos gsagt hod, naha hod hoid da Maxl doch gfragt, was denn naher mit der himmlischen Liegestatt is? Do hod da Onkl a weng glacht und hod gsagt: „Maxl, do muaß a da aber scho zerst deine Augn a weng vobindn". An Maxl is de Sach ganz recht gwesn wie eam da Onkl mit am Tüchl d'Augn verbundn hod. Da Maxl is am Tisch sitzn bliebn und da Onkl hod dö himmlisch Liegerstatt aufgricht. Ea hod aus'm Stadl zwoa Bündl Stroh gholt und hatt's in da Stubn schö ausbreit. Wia naha da Onkl fertig gwesn is, hod ea an Maxl seine Augn wieder frei gmacht. Da Maxl hod sö glei gar nimma auskennt. Jetzt ist Advent, hat da Onkl gsagt und bald hama hochheilige Mettnacht und do muaß ma fastn und Opfer bringa. Und weil da Josef und d'Maria aa koa Federbett ham ghabt und s'Christkindl hod aa auf Stroh schlafa müassn, so soi ma aa mia a Nacht mit ana solchen Liegestatt zfriedn sei.

Da Maxl is wohl a wengl enttäuscht gwen, weil eam dö Sach goa nöt recht himmlisch vorkemma is. Aber weils da Onkl a so habn wollt und weils fürn Maxl wieder a mal was Bsonders war, so hat er sich halt damit zfriedn gebn. Wie es sich ghört, hams naha mitanand no a kurz Nachtgebet bet und ham sö schlaffa glegt. Ganz finster wars im Stüberl. Im Kachlofn hats Holz no knistert. Draußn hod da koidö Wind n'Schnee an die Fenster g'haut.

Da Maxl hat nöt eischlaffa könna, ea hod allerweil no an die himmlische Liegestatt denkt. Und wia er a so daliegt, stoamüad vo dem weitn Weg, da hört er auf oamoi a ganz a feinö wunderbarö Musik. Dö hod sö grad so anghört, wie wenn Engeln auf einer Harfn spieln tätn. Da Maxl hod sö ganz staad in d'Höh gricht und hod deara Musö zuaglust. Naha hod a zum Onkl gsagt: „Du Onkl, wos is denn dös füa ra Musik?" Und da Onkl hod eam ganz staat zua Antwort gebm: „Dös is a Musö vom Christkindl aber nur für solchene Menschen, dö wos an Christkindl zliab dö Nächt vor Weihnachtn auf Stroh schlaffa, Engerl spuin des Musö."

Naha is da Maxl zfriedn gwen und ea hod sö gfreid, daß er wirklich auf ra himmlischen Liegestatt schlafft. Und dö schöna himmlischn Töne, da ham allerweil wieder aufklunga und an Maxl is alles volla Wunda gwen, bis er tiaf im Schlaf versunkn is.

Am andern Tag sands allö zwoa in Allerfrüh ins Rorate ganga mit da Latern. Vo alle Seitn sand d'Liachta zuara gwandert durch dö stockfinster Nacht, alle dem Gotteshaus zua. Nach'm Rorateamt hod da Onkl an Maxl wieda hoambracht zu seinö Eltern. Und a Jahr drauf is dea guadö Onkl gstorbn. Und wia nacha an Onkl sei Nachlaß verteilt is worn, so is da drunter a alte Spieldosn glegn und da drauf war gschriebn mit zittrigö Händ: „Gehört als Andenken dem kleinen Maxl, weil er so brav gewesen ist, wie er bei mir auf der himmlischen Liegestatt geschlafen hat. Er soll studieren und wenn er sein Studium hinter sich hat, soll er diese Spieldose kriegen."

Von dem Vermächtnis hat der Maxl wirklich erst ghört, wie er mit seim Studium fertig war und mit am guadn Zeugnis hoamkemma is.

Diese Spieldosn ist dem Maxl sei schönster Lohn gwesn für all die Entbehrungen während des Studiums. Und seitdem woaß aa da Maxl, woher damals dö schöna himmlischn Klänge kemma sand, dö wosn so glücklich ham gmacht auf da himmlischen Liegestatt.
An Maxl hat dö Spieldosn begleit durch's ganze Lebn und is eam a kostbars Andenkn bliebn an eine unvergessliche Adventnacht. Und wia naha da Maxl selber alt und groß worn is, nacha hod er alle Jahr auf Weihnachtn nebm da Krippn aa dö oidö kostbarö Spieldosn gstellt. Und dö oidö Spieldosn hod alle Jahr dös oidö Herz no vui mehr erfreut, als damals wie er so wunderbar und selig gschlaffa hod, auf da himmlischn Liegestatt.

Ihr Hirten, erwacht
Vom Schlummer, habt Acht!
Nach Trübsal und Leiden
Verkündet er Freuden,
Der Engel, der fröhliche,
Hat Botschaft gebracht.

Da Hiadda, dea s'Christkind verlorn hat

(Aus einer uralten Zeitschrift)

Dö kloa Ursula is zehn Jahr alt gwen wias mit an altn Hüter hat Freundschaft gschlossn. An am schöna Herbsttag is dö kloa Ursula von da Schul, vom Religionsunterricht hoamganga. Da rennt kurz vor ihr a Herd Schaf übern Weg. Da hod sö d'Ursula gfreid, sie is einö glaffa unter d'Schaf und wollts streicheln. Aber da war a böser Schafbock dabei, dea hod dö kloa Ursula glei zammagstoßn. Und wia d'Ursula s'Schrein hod angfanga, is glei a oida Hüter daher grennt und hod da Ursula wieder auf d'Füaß gholfa. Da Ursula war da Kathechismus aus da Hand gflogn. Da Hiadda aber hod na glei zammaglaubt, hodn da Ursula wieder zrückgebn und hod dabei gsagt: „Do schau hea, do host dein Kathechismus wieda, i hob den mein aa verlorn, aber mia hod na niemand mea zruck gebn." Über diese Worte hod dö kloa Ursula a bissl nachdenkt. Da Winter is zuarakomma mit da wundervolln Adventzeit. Da oidö Hiadda hod sö naha in seim Holzhütterl aufghaltn und hod füa d'Leut allerhand Körbl gflochtn. Er hat aber auch s'Schnitzmesser gern in d'Hand gnomma und hod dö schönstn Holzfiguren gschnitzt. Was er bsonders gut könna hod, dös warn hölzerne Hüter und Schaferl. Wia dö kloa Ursula dös erfahrn hod, daß da Hiadda schnitzn kann, naha iss hoit recht oft in sei Hütterl komma, und hod na anbettlt, ea soi ihr a Weihnachtskripperl schnitzn. Do hod da Hiadda traurigö Augn gmacht und hat gschaut, als wenn a an wos zruck denga müassad. Noija, i will's probiern, hod da Hiadda gsagt, owa wenn i nimma weiter woaß, naha muaßt ma halt du a wengl mithelfa. Da Hiadda hod a boid angfanga zum Schnitzn, hod an Stall gmacht, Hiadda und Schaf an Ochs und an Esl, Josef und Maria. Naha hod da Hiadda s'Schnitzmessa weglegt, weil weiter hat er gsagt, kann ers nimmer. Aber s'Christkindl muaßt doch no schnitzn „hod d'Ursula gmoant, s'Christkindl, dös is doch d'Hauptsach!" Da Hiadda hod sö im Sessl zruck gloant, hod dö kloa Ursula traurö angschaut und hod gsagt: „I kanns nöt, i hob nöt bloß an Katechismus verlorn, i hab aa s'Christkindl verlorn und dabei sand eam Tränen vo dö Augn aussa glaffa. Von jetzt ab hod a kloa Ursula verstandn, wos da Hiadda eigentlö moant. Sie hats gmerkt, daß da Hiadda nöt nur arm is, sondern ea hod aa an Glaubn ans Christkind verlorn. Von dem Tag an hod d'Ursula jedn Tag einige Vaterunser bet. Und nach einer Zeit hod hoid d'Ursula an Hiadda wieda recht schö bitt, ea soll doch wieder in d'Kirch gehn und soll wieder ans Christkind glauben. Da Hiadda aber hod nua traurig gsagt: „Füa mi wiad wohl alles scho z'spät sei." Da Hiadda hods gmerkt, daß d'Ursula guat mit ihm moant. Naha hod a allö gschnitztn Figuren in an Körberl glegt, hods da Ursula in d'Hand eineglegt und hod gsagt: „Do Ursula, dös schenk i dir." Und was is naha mitm Christkindl hod d'Ursula noch amal gmoant? Aber do hod da Hiadda bloß mit dö Schultern zuckt. D'Ursula is naha mit denö Krippenfiguren traurig hoamganga. Am Hoamweg hods an Herrn Pfarrer troffa. Sie hod eam glei dö Gschicht erzählt vo dem arma Hiadda, dea wos s'Christkindl verlorn hod. Da Herr Pfarrer hod sö dö Krippenfiguren angschaut und hod d'Ursula gfragt, ob sös nöt füa d'Pfarrkirch hergebn möcht, weil unser Kirch eh no koa Krippn hod. Omei, hod d'Ursula gsagt, do is ja nöt a moi a Christkindl dabei. A solches wird naha scho no komma, hod da Herr Pfarrer gmoant und d'Ursula hod eam mit Freudn dös Körbl mit dö Figurn gebn. Da heilö Abend ist zuara komma und dö kloa Ursula hat sich mit ihre Eltern auf'n Weg zur Christmettn gmacht. Und weils am Hiadda seim Hütterl vorbei komma sand, hod d'Ursula schnell an Sprung einö gmacht dazua. Und do is da Hiadda voa da Stubntür gstandn und hod an Mantl anghabt, grad wia wenn er auf d'Ursula gwart hätt. Gehst am End gar mit in d'Christmettn, hod d'Ursula gmoant und da Hiadda hod glei volla Freid gsagt: „Ja, wennst mö no grod mitnimmst, Ursula." Und dabei ziagt a a recht a kloans Packerl vo da Mantltaschn aussa, gibts da Ursula und sagt: „Schau hea, da hab ich was füa die, dös ghört dir für Weihnachten." Da Ursula seinö Augn ham nua so glänzt, sie hat sichs ja glei denkt, daß in dem Packerl a gschnitzts Christkindl drinn ist. Und naha sands mitananda in d'Christmettn ganga. Und wias füa Kirchntür einö genga, do sigt da Hiadda scho vo weitm sei gschnitzts Kripperl steh. D'Ursula hod glei no dös kloanö Packerl ausgwickelt und hod dös Christkindl no dazuaglegt. Und wia da Hiadda dös alles so gseng hod, sand eam Tränen nur so aussagstürzt vo dö Augn. Er is neigruckt ön Kirchnstuhl und feierlich wie alle andern Leut hod er d'Christmettn mitgfeiert. Ea hat's Christkindl wieder gfunden.

Der „Bluadige Thomerl" geht zurück auf einen uralten heidnischen Brauch. Am 21. Dezember ging er von Haus zu Haus, voll mit Schweinsblut beschmiert, und ermahnte die Kinder, brav zu bleiben.

Weihnachten beim Onkel

(Aus einem alten Heft)

Am Heiligen Abend is gwen, ganz spät am Nachmittag, do hod d'Muadda dö kloane Christine no zum Onkl gschickt mit an Weihnachtsgebäck. Zum Onkl hin is fast a Stund zum gehn gwesn und im Winter bei viel Schnee, hod ma freilich no vui länga braucht. An Onkl sei Häuserl is ganz am Woidrand gstandn. Viele Jahr hat da Onkl scho ganz aloa da drinn hausn müassn. Sei brave Frau war eam scho allzufrüh gstorbn. Seitdem is da Onkl a grantiga Mo wordn. Ea is Waldaufseher gwesn und hod im Winter füa a groß Revier dös Jagdwild gfüttert. Ea is dö meistö Zeit im Woid gwen und ea war mit denö Waldviecherl mit Leib und Seel verwachsen. Es is scho finster worn, wia dö kloa Christl beim Onkl ankomma is. Sie hat fast a wengl Angst ghabt, wenns jetzt anklopfn soll beim Onkl. Ea war a großer Mann da Onkl, mit langa Schnurrbart und ea war a wengal unfreundlich, a so hod d'Christl wenigstens gmoand. Und wia naha d'Christl a weng ängstlich einö komma is in d'Stubn, do is da Onkl grad auf da Ofenbank gsessn und hod sei großö Pfeifa graucht. Ea hod sei dicke Pelzjoppn an ghabt und man hats gleich gmerkt, daß er no in Woid gehn wird. Da Onkl hod d'Christine mit freundlicher Stimm gfragt, wo's denn heut no so spät herkommt? D'Christl hod'n Onkl schönö Weihnachtn gwunschn und hod eam dös Geschenkpackerl in d'Hand gebn. Da Onkl hod dös Packerl

unter sein Christbaum glegt, an dem sogar scho d'Kerzn brennt ham. Im Onkl seiner Stubn hats da Christl glei gfalln. Da Onkl hat nämlich mehrere Waldvögerl drinna frei fliagn ghabt und dö sand da Christl glei auf d'Schulter gsessn.
Wenn nämlich da Onkl im Woid verletzte Vogerl antroffn hod, naha hod as mit hoam gnomma, hods wieda gsund gmacht und dann hat ers wieder ins Freie auslassn. Magst du dö Waldvögerl gern?, hod da Onkl zur Christl gsagt und die Christl hod mit Freuden ja gsagt. Naha muaßt no mitgehn heut, hod da Onkl gmoand. D'Christl hod vo lauter Freud mit dö Viecherl gar nimmer ans Heimgehen denkt. Da Onkl hod an großn Sack angfüllt und den hod er auf d'Schulter gnomma. „Warum Onkl gehst denn naha no so spät in Woid?" hod d'Christl gmoant. D'Woidvögerl sollns aa wissn, hod da Onkl gsagt, daß Weihnachtn is. Weil d'Christine gwußt hod, daß da Onkl a jeds Steigerl kennt, und sie gern amal a so a Wildfütterung miterlebn wollt, so hat sie sich gfreut, daß der Onkl dazua eingladn hat. Da Onkl hod ausgschaut wia ra Nikolaus mit seiner Pelzhaubn und an Sack auf'm Buckl. Auch die Christl hat a Körbl mit Futter tragen dürfn. Da Onkl is vorausgstampft durch den tiafn Schnee. An einigen Häuserln sans vorbeikomma, da hod man von dö Kinda scho Weihnachtsliedln singa hörn. Da Christl iss allerweil wohler ums Herz worn. Gern hätt sie sich mit'm Onkl a wenig unterhaltn, aber sie hat net gwußt, wias anfanga soll. Sie hats gmerkt, daß da Onkl traurig is und daß er deswegn heut no in Woid geht zu dö Viecherl. Ganz staat war da Winterwoid, nur hi und da hod ma a Asterl knaxn hörn. Auf amoi stehnas allö zwoa vor am Dickicht. Do, hod da Onkl gsagt, stell ma jetzt denö Waldviecherl unsern Weihnachtstisch auf. Ea hat den schwern Sack von de Schultern gnomma und hod s'Ausleern angfanga. Hammer, Beißzang, Nägl, Strohmattn, gar so viel Zeug hat da Onkl mittragn. Und

Die Schweinsblase vom Schwein, das zu Weihnachten geschlachtet wurde, hing einige Tage zum Trocknen überm Kachelofen. Nachher verwendete man sie als Tabaks- oder Geldbeutel.

was d'Christl besonders gfreut hat, sie hat an Onkl fest helfn dürfa, bis dö Futterstell fachgerecht aufgstellt war. D'Christl hat nacher ihr Körbl auspackt. Koa oanzigs Wörtl is dabei gredd worn. Und wias do so staat dös Futter auspackn, da kimt scho ganz vorsichtig a Herd Reh dahea gschlichn und dahinter a no etlichö Haserl. Vo allö Seitn sand d'Woidvögerl zuaragflogn, alle da Futterstell zua. Und wia dö kloa Christl gseng hod, daß a Reh n'Onkl sogar aus da Hand raus frißt, nacha is sie mit'm Staunen gar nimmer fertig worn. Probiers nur du aa, sagt da Onkl und wia dann wirklich a Reh ganz vorsichtig auf die Christl zuaganga is und ihr an Kartoffl aus da Hand gnomma hod, dann hätt sie am liebstn gschrien vor Freud. Da Onkl und d'Christl sand nachher no a kurze Zeit bei da Futterstell gstandn und ham dö Viecherl zuagschaut beim Fressn. Da Christl is alles so weihnachtlich vorkomma, sie hat auf einmal angfanga zu singa: „Es ist ein Ros entsprungen.“ Weihnachtn im Woid! Aber jetzt war höchste Zeit zum Heimgehen. Wenn nöt da Schnee a weng gleucht hätt, dann wärs stockfinster gwesn.

Die Christl hat sich scho Gedanken gmacht, wia sie wohl hoamkommen wird zu ihre Eltern. Aber da Onkl hat längst gwußt, wia er dös am bestn macht. Ganz in der Näh war a kloans Wirtshäusl und do sands einö ganga allö zwoa. D'Wirtsleut ham an Onkl guat kennt, ea war ja im Winter oft drinna gsessn auf da warma Ofabank. Richtig gmütlich wars da drin in der Wirtsstubn. Bis d'Wirtin der Christl a Haferl voll Milch kocht hat, hat da Wirt seine Laufrössl an den Laufschlittn gspannt. Alle drei, da Wirt, da Onkl und d'Christl sand nacher aufgstign auf dös schöne Laufschlittl. D'Rössl sand im Trab glaffa, daß da frische Schnee grad so auf d'Seitn gstaubt is und dö Glöckerl an die Rosshalftern, dö ham so weihnachtlich klunga. Bald sans vorm Onkl seim Haus gstandn. Da Onkl is abgstiegn und hod se bei da Christl noch bedankt, daß sie mit ihm den Heiligen Abend verbracht hod. Und da Wirt is weitergfahrn bis zur Christl ihre Eltern. D'Christl is ihrö Eltern um an Hals gfalln und hod ea vo dem wunderbarn Erlebnis erzählt. D'Muadda hod n' Christbaum scho anzünt ghabt und dea hod da Christl no nia so guat gfalln wia dösmoi. Und die Christl hat damals ihren Onkl kenna glernt, wie er in Wirklichkeit is. Sie hat ihn von dort ab öfter bsucht in seim Häuserl am Woidrand. Sie hod nia den schöna Tag vergessn könna, den was sie mit'm Onkl erlebn hat dürfn, damals am Heiligen Abend, bei dö Viecherl im Woid.

Da oid Lump

(Von Lorenz Strobl, Oberbergkirchen um 1900, nacherzählt von Otto Kerscher)

A eisiga Schneewind pfeifft. Wie ausgstorbn liegt's Dörferl da. Am tiefn Hohlweg entlang arwad sö a oida Bettler auffa. Oft muaß a rastn und ea kanns kaum no derschnaufn. Stoamüad torklt ea zua Wirtsstubn nei und bettlt um a Tröpfl warmö Suppn. D'Wirtin is a guadö Seel. Wer könnt aa so an arma Menschn a Bitt abschlagn und noch dazua am Hleiligen Abend. Auf da warma Ofabänk hat er sich niederlassn und mit zittrige Händ löfflt er sein Teller Suppn aus. Da Wind pfeifft draußtn, daß dö Fensterlädn nua so klappern. D'Wirtin hod no oiss volla Arbeit und Kinda wartn aufs Christkindl. D'Wirtsstubn ist leer, bis auf den Bettlmo hint auf da Ofabänk. Er wärmt sö seinö Händ an dö warma Ofnkachln. Die Dirn (Magd) kniad aufm Fuaßbodn und tut mit der Würzlbürstn den Fußboden schö weiß bürstln und dabei tuats alleweil scho Stille Nacht für sich hisumma.

Do stutzt da oidö Mo, stille Nacht? Da hätt er ja boid drauf vergessn. Wär auch koa Wunda, wenn man gar niemanden mehr hat auf da Welt. Da Bettlmo wischt sich mit'm Joppmärml über d'Augen, weil ihm plötzlich Tränen runter laufn. Grad schüttln tuts ihn, so is plötzlich s'Elend über ihn komma. Da kimmt d'Wirtin ganz eilig aus da Küch raus in d'Wirtsstubn. Sie will a Kind no schnell zum Kramer schickn. Und wia's ön Kastn neilangt ums Geld, do machts an lautn Schrei: „Jess Maria und Josef, s'Geld is weg." D'Dienstbotn sand zuaragrennt und aa da Wirt, aber koans hod dös Geld aus'm Kastn gnomma. „Gstohln iss worn!" und wer kann dös sonst gwesn sei, als dea oidö Lump da, dea schlechte!

Da oidö Bettlmo hod so dö Sach anghört und er hat sich gar nimmer wohl gfühlt. Da Knecht rennt wia a Wilder auf den Oidn los, kehrt ihm alle Joppntaschn um, schütt sein derflicktn Rucksack aus, ob am End da dös Geld drinn is. „Wer woaß, wo ers versteckt hod", schreit die Dirn. „I hob doch koa Geld gnomma", moant da Oidö und schaut oans ums anda recht ängstlich o. Da Wirt platzt fast vor Wut: „Aussö vo meim Hof, du Lump, du müsrablicha." Er packt den Bettlmo ganz wild, wirft'n zur Haustür naus, gibt ihm no an richtign Fuaßtritt und hetzt aa no sein großn Hofhund nach ihn, dea den arma Mo Fetzn aus seim Hosnfuaß reißt.

Da Oidö liegt draußt im koidn Schnee. Ea arwad sich in d'Höh und suacht in da Finster nach seim Hacklsteckn. Da Himmel hängt voller Schneewolken. Aus dö Häuser sieht ma scho dö erstn Kerzn brenna. Da Oidö geht wieder sein Weg, vorbei am Wirtsweiher. Im Wirtsweiher gehts heut noch zua wia im ewign Lebn. Die Bubm tun auf dem Eisweiher noch Schlittschuhfahren.

Da, auf oamoi a entsetzlicher Schrei. Den Oidn gibts an Riß, ea springt nei ön Weiher und scho steht er mittn drinn im eiskaltn Wasser. Es war höchste Zeit, weil an der Stell, wo der Bua durchbrocha ist, sand d'Eisschelln scho wieda drüber gschwomma. Da Oidö suacht im eiskoidn Weiher nach dem Bubn. Er hebt'n in d'Höh und trägtn raus. Und wea war dea Bua? Dene Wirtsleut, die ihn vor wenign Minutn so grausam rausgworfn ham, wars ihr einzigs Kind. Do kimt grad a Mo vorbei. Da Oidö gibt dem Mo den Buam auf'n Arm und sagt dazua, er soll na neitragn zum Wirt.

Da Bettlmo schwankt stoamüad weida, sein Hacklsteckn hat er im Weiher drinn verlorn. Ea spürt auf oamoi koa Friern mehr, obwohl sei Gwand zammagfrorn war, wie Eisschelln. Ea geht weiter, einö in Woid. Ea kann kaum mehr gehn, a so pfeifft da Schneewind. Am Weihnachtshimmel leuchtn d'Stern. Da oidö Lump schwankt durch'n Schnee und singt ganz staad vor sich hi: „Stille Nacht, heilige Nacht."

Wia ma beim Wirt den Oidn hat nausgworfa ghabt, hat glei drauf d'Wirtin ihr Geld wieder gfundn, sie hod n'Geldbeutl nur verlegt ghabt. Und wieder wenige Minutn drauf bringt a Mo ihren Buam daher, dens grad gschüttlt hat vor Friern. Do sagt dea Mo zum Wirt: „Den Buam hod a oida Lump aus dein Weiher raus zogn und hat ihm s'Lebn grett. Er wollt zu euch nimmer zrückgehn, i weiß aber nöt warum."

Im patschnassn Gwand ist da oidö Lump weitergwacklt bei der Kältn, ohne Stock und ohne Huad. Dem Wirt is a fürchterliches Grausn komma und ea is glei mit seinö Knecht fort, den Bettlmo suacha. Inzwischen hat a ungeheurer Schneesturm angfanga. Überall hams rumgleucht mit der Latern, er war aber nöt zum findn. Sie genga wieda hoam. Nach da Christmettn wars beim Wirt alle Jahr der Brauch, daß d'Waldarbeiter bo eam eikehrt sand und ham a Stamperl Schnaps trunkn auf an warma Magn. „Ja", sagt da Wirt, dea grod zum Fenster naus schaut, „was schleppn den dö heuer auf eina Birknbaar daher?"

Da oidö Lump liegt drauf, ganz staad und erfrorn. „Im Hohlweg is er gleng", erzähln dö Waldarbeiter, „und um seinö erfrorenen Finger war a Rosenkranz gwicklt." „Grod a so hod a ausgschaut", erzählt a Holzknecht, „wia wenn s'Christkind sei Seel ön Himmö nei tragn hätt." Da Wirt fangt an zum Zittern und fahrt mit seine Händ über die feuchtn Augn. Alle miteinander beten laut an Vaterunser für den Toten. Boid drauf is auf'm Dorffriedhof a wunderschönes Kreuz gstandn. S'Grab ghört dö Wirtsleut und drunter schlaft da oidö Lump den ewign Schlaf.

Der Nachtwächter

Es war Heiliger Abend. Der Hans hatte seine Wohnung verlassen, um seinen Nachtwächterdienst zu machen. Es war kalt und dunkel, nur ein paar Sterne leuchteten. Der Schnee knirschte. Mit dem abgetragenen Mantel, dem alten Hut, der Laterne, dem Nachtwächterspieß und seinem Bart sah er wirklich einem Hirten gleich. Ausnahmsweise trug er heute am Heiligen Abend ein Säckchen auf dem Rücken mit Äpfeln und Nüssen. Es war an manchen Orten alter und schöner Brauch, daß der Nachtwächter am Heiligen Abend mit Kleinigkeiten beschenkt wurde.

Der Nachtwächter betrat eine Wirtsstube, sie war wacherlwarm, aber leer. Es dauerte gar nicht lange, da kam der Wirt schon aus der Küche, wünschte dem Hans ein frohes Fest und legte auch seine Geschenke, zwei Knackwürste und ein Päckchen Rauchtabak, in den Sack. Der Nachtwächter war kein reicher Mann und so nahm er kleine Geschenke gerne an.

Bis der Hans alle seine Häuser abgegangen war, um seine Weihnachtsgeschenke abzuholen, war fast Mitternacht herangebrochen. Durch das Dorf hörte er schon die Pferde mit Schlitten traben. Die Bauern fuhren mit ihrer Familie von den Dörfern her zur Christmette in die Pfarrkirche. Hans stampfte mit seinem fast gefüllten Sack hinaus aus dem Dorf. Er überquerte eine alte Brücke und gelangte zum Armenhaus. Der Nachtwächter stieg dort über eine schmale Treppe hinauf zur Wohnung einer alten Frau, die mit ihrer schwer herzleidenden Tochter zwei kleine Kammern bewohnte. Diese beiden besaßen nichts als viel Gottvertrauen und die Kost, die ihnen vom Fürsorgeverband verordnet wurde. Jeden Tag mußte die kranke Tochter das Mittag- und Abendessen in einem anderen Bürgerhaus abholen, so wie es eben vorgeschrieben war.

Alle Jahre wieder begrüßte der Nachtwächter die beiden, die schon lange auf ihn warteten. Er hatte sich noch gar nicht gesessen, da holte er aus dem Sack von allem was er bekommen hatte, Nüsse, Äpfel, Christstollen, Plätzchen und Schokolade. Auch einen Geldschein legte er den beiden auf den Tisch. Hans zog dann seine Pfeife aus der Manteltasche, setzte sich auf einen harten Sessel und freute sich im Inneren, daß er zu denen gehörte, die schenken können. Welch herrliches Gefühl, die vor Freude glänzenden Augen der zwei Armen im Kerzenlicht. Es herrschte tiefes, feierliches Schweigen. „Unter uns armen Leuten redet man nicht viel", hat der Nachtwächter die alte Frau belehrt, als sie ihm unter Tränen danken wollte. Sie wußten alle, daß Schweigen am schönsten ist.
Plötzlich schlug die Kirchturmuhr der Pfarrkirche zwölf Uhr. Der Nachtwächter verließ das Armenhaus. Gegenüber der Pfarrkirche lag ein kleines Wirtshaus. Dort wollte der Hans, wie jedes Jahr zu Weihnachten noch seinen Punsch trinken. Hans setzte sich zum Wirt in die warme Ofenecke, wo der Christbaum stand. Das Hausmädchen brachte Punsch. Als Hans den ersten Schluck trank, war ihm nicht nur im Magen warm, sondern auch ums Herz. Von der Pfarrkirche herüber hörte man die Orgelmusik und den Chorgesang in die Wirtsstube. Das Volk sang das Lied von der stillen, heiligen Nacht.
Der Nachtwächter brach auf, denn gleich nach der Christmette kamen die Bürger und Bauern, um Punsch zu trinken. Er raffte alles zusammen, nahm seinen Sack mit den Geschenken und ging nach Hause, nachdem er zum Sternwirt gesagt hatte: „Sternwirt, Vergelts Gott"! Der Nachtwächter ging durch die stillen Gassen. Durch die Tat an den Armen, wie jeden Heiligen Abend, war von ihm alles Bedrückende gefallen.

Ein kleines Weihnachtsopfer

Puppen gehören zu den Weihnachtsgeschenken für kleine Mädchen.

Vor Jahren erzählte mir ein Missionar, der sein halbes Leben in Afrika war, wie er dort Weihnachten verbrachte:
„Es war einmal an einem Heiligen Abend, es wurde schon dunkel und wir hatten auf unserer Station bereits die Lichter angezündet. Da trat ein kleiner Bub mit etwa sieben Jahren in mein Zimmer. „Herr Pater", sagte der Kleine in seiner Muttersprache, und legte ein winziges Geldstück im Wert von etwa zehn Pfennig auf den Tisch, „ich will etwas geben für die armen Kinder, die gar nichts haben."
Ich kannte den Knaben. Er war selber arm, sein Vater war gestorben und die Mutter mußte für mehrere Kinder jeden Pfennig erst dreimal umdrehen, bevor sie ihn ausgab. Ich fragte das Büblein, woher er das Geld habe. „Das habe ich mir selbst verdient", meinte der Kleine, „indem ich Knochen gesammelt habe und da hab ich für ein Körbchen voll immer einen Pfennig bekommen." Ich fragte den Buben, warum er sich dafür nicht selber was gutes kauft. Der Kleine aber hat nur nochmals recht herzhaft auf sein kleines Geldstückl geschaut und gemeint: „Herr Pater, unsere Mutter hat für Weihnachten gesorgt, daß wir Kinder etwas Besseres zu essen haben, aber

Weihnachtsgedanken

Heiliger Abend 1945, erzählt von einem Münchner:
„Nach fünfeinhalb Jahren Krieg feierten wir wieder Weihnacht in der Heimat. Der Liebfrauendom in München war voll von Menschen. Durch das zerbombte Dach des Domes sahen wir zum Himmel hinauf. Durch die Fenster, die kein Glas mehr hatten, wirbelten die Schneeflokken. Wir sangen Weihnachtslieder. Am Altar war eine Krippe aufgestellt. Wie gut verstanden wir damals das Wort von der Herbergssuche, waren doch Tausende ausgebombt und obdachlos. Und wie gut verstanden wir die armen Hirten, die dem Christkind kleine Gaben brachten. Waren wir doch selber so arm, daß wir nicht genug Brot hatten, um uns satt zu essen und nicht genug Kohlen, um uns ein Zimmer zu wärmen. Und welch ein Glücksgefühl durchströmte uns, als uns die Weihnachtsbotschaft verkündet wurde: ‚Und Friede den Menschen auf Erden'."

gar manche Kinder haben doch gar nichts.“ Gerührt hab ich dem Kleinen die Hand geschüttelt und hab ihm ein Bildchen mit dem Kind in der Krippe geschenkt. Der Kleine blickte mir freundlich ins Gesicht und lief freudig nach Hause.“

A Bitt ans Christkind

Schneeflocken fallen
Woid und Stegal sand vowaht,
voschneibt is da Hochwoid
üwaroi iss so staad.

D’Nächt sand so lang
Kältn herrscht üwaroi
mia wartn auf Liacht und auf Friedn
bei da Krippn im Stoi.

D’Menschheit aber findd koa Ruah,
koa Ruah und koa Rast
vor lauter Rekorde
und lauterer Hast.

A bisserl mea Ruah
und a bisserl mea denga
und liawa an arma Menschn
wos schenga.

A bisserl mea Zeit lassn
und auf d’Ruah wieder mea achtn
dama uns als Beispiel
dö vuin Sternl betrachten.

Nöt goa so vui Wohlstand
mea Einfachheit
und mia kriagad ma wieda
a staadanö Zeit.

Laß ma uns wieda mea Zeit
und denk ma dafüa öfter dro
daß ma uns net so wichtig solln maha
weil, wos sa ma denn scho!

Wenn ma d’Wejd a so oschaut,
sovui Kriag gibts und Streit,
gabs meara Vernunft,
gabs vui meara Freid.

Nur des Guadö könn ma uns a mal
mitnehma
drum müaß ma uns wieda
zu mea Guadn bekenna.

Mea Guats doa füa d’Menschn
so wia ra sö khead
mia könna drauf stolz sei
und gwinna an Wert.

Ich bitt dö liabs Christkind,
daß’ endlich der Wejd sei beschiedn,
Vernunft, echte Freid
und himmlischer Friedn.

Vom Hl. Abend bis Dreikönig sind die sogenannten „Rauhnächte". Hexen und Geister haben in diesen Nächten viel Macht. Hier wird ein Saufbruder von Hexen überrumpelt und umwirbelt, bis er ohnmächtig umfällt.

Die Rauhnächte

Im Vorderen, Mittleren und Oberen Bayerischen Wald zählt man die Nächte vom Heiligen Abend bis zum Dreikönigstag zu den sogenannten Rauhnächten. Das sind die Nächte, in denen die bösen Geister die meiste Gewalt über Mensch und Vieh haben. Die gefährlichsten dieser zwölf Nächte sind die Christnacht, die Sylvesternacht und die Nacht zum Dreikönigstag.

In meiner Kindheit vor dem Zweiten Weltkrieg habe ich einen Hauch dieser gruseligen Nächte erleben dürfen. Damals hat es noch gestandene, kernige Bauersleut gegeben, die viel von ihren Ahnen erzählten. Wenn die Mägde, Mädchen und Bäuerinnen in den großen Bauernstuben beim Flachs- und Wollespinnen beisammen saßen, wurden vor allem an solchen finsteren Rauhnachtsabenden tausende von frohen und gruseligen Geschichten erzählt, die sich, wie man glaubte, auch alle einmal zugetragen hatten. Da gab es die Hexen, die in diesen Nächten auf glühenden Besenstielen durch die Lüfte und Wälder brausten. Die Druden richteten in den Ställen viel Unheil an und manch andere Unholde brachten Not und Schrecken unter die Menschen. Deshalb trachtete man an solchen Abenden, wenn man überhaupt unterwegs war, beizeiten zur Heimstatt.

In der Mettennacht vertreiben Perchten mit großem Lärm Unholde und Geister.

Die wilde Jagd

Von Eugen Schötz, Kasparzell

Was ich dir jetzt erzähl, das ist wirklich passiert. Es ist schon lange her, da ist der alte Maurer aus Kasparzell einmal in einer Rauhnacht um Neujahr noch spät am Abend zum Kirchenbauer hinübergegangen. Bis er sich dann wieder auf den Heimweg gemacht hat, ist es beinahe Mitternacht geworden. Wie er still dahingeht und sich gerade einem Feldkreuz nähert, da hört er hinter sich einen fürchterlichen, gruseligen Lärm. Rinder haben wie vor Hunger gebrüllt, Hunde gebellt, Katzen gejammert und alle Bäume haben gerauscht, wie wenn sie Blechmusik spielen täten. Der alte Maurer, der schon mehr solch gruselige Dinge in seinem Leben erlebt hatte, hat gleich gewußt, was dieser entsetzliche Lärm bedeutet: es war das „Nachtgjaid" oder die wilde Jagd. In der Kasparzeller Gegend hat man kurzum nur „Nachtigai" dazu gesagt. Wer solches „Nachtgjaid" erleben mußte, der hat dabei auch immer an Selbstmörder gedacht, die in diesen langen Nächten „weiherzn" müssen, weil sie keine Ruhe im Grab haben.

Der alte Maurer ist heimgerannt, so schnell er konnte. Wie er daheim in den Hof hineingesaust ist, war diese wilde Jagd noch hinter ihm. Er hat von weitem schon geschrien: „Muadda mach auf, Muadda mach auf!" Wie der alte Maurer endlich in letzter Not die Haustür hat zugedroschen und den Riegel vorgeschoben, nahm der Lärm ein Ende. Der alte Maurer hat sich auf die lange Wandbank fallen lassen und sein Herz hat gepumpert wie das eines versprengten Hasen. Ja, ja, das „Nachtgjaid", das hat jeder auf der Muck gehabt.

In der Ewigkeit

Von der Schötz Resl, Kasparzell

Da sind einmal drei recht versoffene Mannsbilder gewesen. Die haben immer, wenn sie spät abends vom Bier heimgekommen sind, ihre armen Weiber und Kinder gedroschen. Wie die drei da wieder einmal beieinanderhocken beim Bier, da haben sie vor Übermut ausgemacht, wer von ihnen zuerst stirbt, der muß den anderen erscheinen und ihnen erzählen, wie es drüben zugeht. Ja, und bald darauf ist auch schon einer gestorben. Wie dann die andern zwei einmal vom Bier heimwackelten, es war in einer stockfinsteren Rauhnacht zwischen Weihnachten und Neujahr, kommen sie an einem Wegkreuz vorbei. Dort taucht auf einmal der Verstorbene auf. Käsweiß ist er gewesen im Gesicht, und er hat auch gleich zu erzählen angefangen. „Kein Mensch glaubt's, kein Mensch glaubt's, wie genau daß es zugeht drent in da andern Welt!" Von da an haben die anderen zwei ihren Weibern und Kindern ein schöneres Leben bereitet.

Der Sonntagsjäger

Von der Reiserin vom Hochholz

Immer wenn ich ins Erzählen komm, dann fällt mir auch wieder die Geschichte von einem Jäger ein. Sie ist zu meiner Kinderzeit oft erzählt worden. Ein Jäger aus der Chamer Gegend ist ausgerechnet immer an Sonntagen zur Jagd gegangen. Aber der Krug geht nur solange zum Brunnen, bis er bricht. Oft haben die Leut zu ihm gesagt, er solle doch am Sonntag lieber in die Kirche gehen, als auf die Jagd. Kaum hat er an einem Sonntag wieder einmal den Wald betreten, ist auch gleich ein Rehbock dahergekommen und pfeilgrad auf den Jäger losgesprungen. Der Jäger hat gleich einen Schuß auf den Bock abgefeuert und ihn auch gut in die Brust getroffen.
Dem Rehbock aber hat das überhaupt nichts ausgemacht. Er ist auf den Jäger losgerannt und hat ihn über den Haufen gestoßen. In diesem Schreck hat der Jäger die Muttergottes angerufen und gelobt, er werde nie mehr am Sonntag zur Jagd gehen. Der Rehbock hat sich von ihm abgewendet und ist verschwunden.
Der Jäger hat ein schönes Taferl malen lassen, das zeigt, wie ihn der Rehbock gerade über den Haufen stößt. Dieses Taferl hat er an dieser Schreckensstelle an einen Baum genagelt. Den Baum haben dann die Leute der Umgebung den „Taferlbaum" genannt. Damals hat sich gewiß der Teufel in einen Rehbock verwandelt...

Das alte Hexenhaus

Von der Schötz Resl, Kasparzell

Alte Leut erinnern sich noch an das sogenannte Hexenhaus in Moosbach. Es ist schon lange her, da haben im Schneiderhäusl vier Schwestern gehaust. Und weil es in diesem Häusl alleweil „geweiherzt" hat, haben es manche das Hexenhaus genannt. Zwei dieser Schwestern haben nie den Sonntag richtig gehalten. Einmal haben sie sogar an einem Sonntag früh ihre Kirmen auf den Buckel genommen und sind in den Wald zum Streurechen gegangen. Von diesem Tag an hat es in diesem Haus noch viel mehr geweiherzt. Eine dieser Schwestern ist dann bald gestorben. Als ich zwölf Jahre alt gewesen bin, bin ich zu diesen Schwestern in den Dienst als Hausmädl gekommen. Aber schon die erste Nacht ist vor meinem Bett eine schwarze Frau gestanden, sie hat die Hände gefalten und hat gebetet. Sicher ist das diese eine verstorbene Schwester gewesen, die den Sonntag immer schändete. Ich bin vor lauter Angst aus dem Bett gesprungen und hab mich bis zum Morgen in der Stube aufgehalten. Diese Frau hätte sicher auf ein Gebet um Erlösung gewartet. Meine Mutter hat mich dann wieder heimgeholt, weil sie Angst hatte, ich könnte krank werden oder durchdrehen. Wenn ich das nicht selber erlebt hätt, dann tät ichs am End nicht glauben, aber was ich weiß, das weiß ich.

Von Väterchen Frost behutsam zugedeckt: Eiche im Winterschlaf.

Eine Bitte zur Schutzpatronin Bayerns um ein gutes neues Jahr

MARIA

Im neuen Jahr das erste Lied
Soll Dir, Maria, gelten,
Dir, deren mildes Auge sieht
Herab von sel'gen Welten!
Dir, deren Hand auf Meer und Land
Strömt tausend Gnaden nieder –
Nimm, Königin, zum Jahresbeginn
Das erste unser Lieder!

Im neuen Jahr der erste Gruß
Gilt Dir und Deinem Sohne,
Der letzte – bei des Jahres Schluß –
Stieg auch zu Deinem Throne!
Denn Du allein – jungfräulich rein –
Hast uns das Kind geboren,
Das unsre Schuld gesühnt aus Huld,
Auf daß wir nicht verloren!

Im neuen Jahr der erste Schwur
Sei wandellose Treue,
Die nichts ersehnt, als daß sie nur
Dein Mutterherz erfreue!
Für Dich gedacht, gethan, vollbracht
Sei Großes, wie Geringes, –
Nimm alles hin, o Königin,
zu Deiner Ehr' geling es.

Durchs neue Jahr mit milder Hand
führ Du uns als die Deinen,
Knüpf fester stets der Liebe Band,
Das uns mit Dir soll einen!
Lenk unsern Lauf und thu uns auf
Dein Herz in allen Lagen,
Dann sind bereit wir jederzeit,
Des Lebens Kreuz zu tragen!

Im neuen Jahr wolls't Weh und Harm
Voll Huld Du von uns wenden,
Du hältst ja Deines Sohnes Arm
in Deinen Mutterhänden!
O, halt ihn auf! Laß freien Lauf
Nicht seinen Strafgerichten!
Auf Mutterfle'n wird mild er seh'n
Und nicht sein Volk vernichten!

Im neuen Jahr wills't Hilf und Heil
Du täglich uns gewinnen,
Dann wählen wir den besten Teil
Und lassen nicht verrinnen
Die edle Zeit in Eitelkeit
und leerem Weltgetriebe,
Wir sehn an Dir, daß Glück uns hier
Nur blüht in Jesu Liebe!

Im neuen Jahr mit Deinem Kind
Behüt uns alle Tage,
Und segne uns so lieb und lind
Bei jedem Stundenschlage!
Maria, Dir befehlen wir
Im Leben uns und Sterben,
Hilf Du uns jetzt und laß zuletzt
Das Himmelreich uns erben!

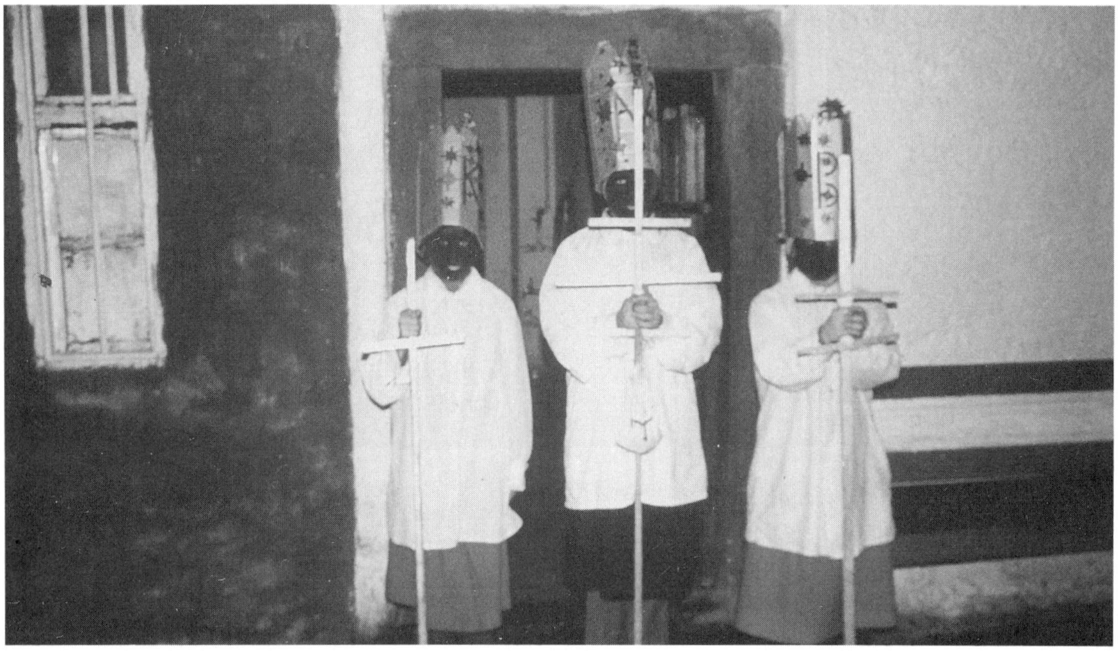

Die Dreikönige vor einem alten Bauernhaus.

Die Drei Könige

Über Bethlehem leucht a hellblauer Himmö. A Herd Kinda scherzn und spuin im Sand. Auf oamoi springas alle auf und schaun neigierig zua Gassn nunter. A ganze Herd Roß und Kamele kema do auffa und drauf sitzn lauter fremdö Menschn. A dunkelbraunö und schwarzö Haut ham dö Leut und dö Kamele warn allö schwer bepackt. Wie ra Lauffeuer is

Von besonderer Bedeutung ist der Dreikönigstag. Die Türen werden mit geweihter Kreide mit den Anfangsbuchstaben der Dreikönige beschriftet. Die ursprüngliche Bedeutung lautet: „Christus mansionem benedicat“ (Christus segne dieses Haus).

Zu den alten Bräuchen gehören die „Dreikönigssänger". Hier beim Kripperl des Josef Brembeck in Haselbach.

Die Tiere im Stall bekommen am Dreikönigstag Geweihtes (Brot, Kräuter und Dreikönigswasser). So erhofft man sich Glück im Stall fürs ganze Jahr.

des glei dua ganz Bethlehem ganga. Oid und jung sand aus da Stod zammaglaffa um zu bewundern, was sich da heut alles abspielt. Die Wirt ham sich am bestn gfreid, weils doch mit de vieln Leut sicher a guats Gschäft maha wern. Drei warn bo deara Fremdnschar dabei, dö wos gar königlich ausgschaut ham. Und dö drei ham dauernd zum Himmö nauf zeigt auf an Stern. Aa dö Leut aus Bethlehem ham den Stern am helliachtn Dog leuchtn segn. Und plötzlich is dea Stern steh bliebn und is niedergschwebt üwa an armselign Stall, indem s'Christuskind allerweil no auf'm Stroh liegt. Dö drei Manner, dö ja echtö Könige warn, sand glei zu dem Stall hin grittn.

D'Maria hod im Stall drinn grad Kartoffln abgschält füa a warme Suppn. Sie erschrickt und schaut durchs kloanö Fensterl naus.

Schnell hods zum Nachbarn nübagruaffa, ea soi an Josef vo da Baustell holn, weil hoher Besuch da is. Bis d'Maria ihr Arbeitsschürzl hod abnehma könna, is Tür scho aufganga. Dö drei Könige sand steh bliebn und ham ehrfurchtsvoll grüaßt: „Friede sei euch be-

schieden, Gott selber hat uns durch die endlose Wüste zu Euch gerufen und ein Stern hat uns den Weg gewiesen. Zeig uns o gute Mutter den Messias."

Dö drei reichn Könige ham sö vorm Kindl niederlassn auf d'Knia. Si ham vorm Kind ihre mitgebrachtn Gaben abgelegt, Gold, Weihrauch und Myrrhe.

In einer Rauhnacht

Von Peter Dietl

Jetzt lus' mir zu, was ich dir erzähl. Da hat einmal ein Bauer in einer Rauhnacht noch bis Mitternacht in seiner Werkstatt gearbeitet. Und stell dir vor, auf einmal ist die Tür ganz still aufgegangen und hereingekommen ist ein Mann mit bleichem Gesicht und schwarzer Kleidung. Er ist ohne ein Wort zu sagen ganz nah an den Bauern herangegangen und hat ihm zugeschaut bei der Arbeit. Wie aber der Bauer diesen fremden Mann anreden hat wollen, da ist er verschwunden. Erst jetzt hat der Bauer erkannt, daß es nimmer mit rechten Dingen zugeht. Ihm ist ein entsetzliches Gruseln gekommen, er hat sofort die Werkstatt verlassen und hat sich auch nie mehr erlaubt, in einer Rauhnacht darin zu arbeiten.

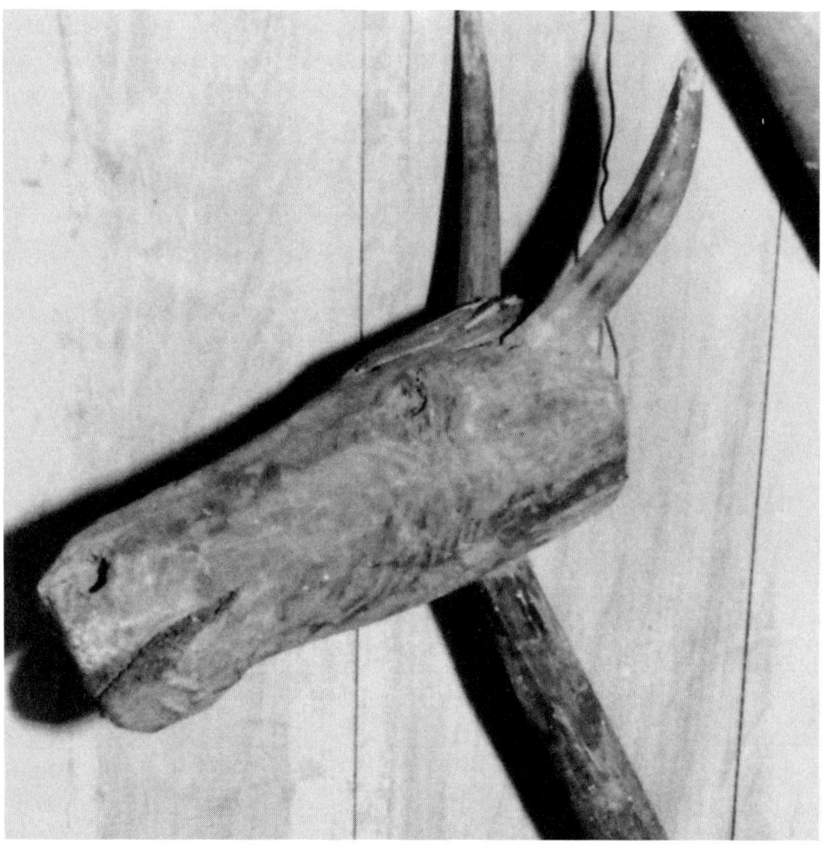

Auch die hölzerne „Habergeiß" kann zu den vielen Rauhnachtsgeistern gezählt werden.

Nachwort

Durch viel Kleinarbeit habe ich dieses Buch zusammengebaut. Wir spüren darin einen Hauch aus vergangenen Zeiten und den Wert unseres überlieferten Brauchtums. Heimatliebe, bodenständiges Brauchtum und die Erhaltung einer gesunden Natur, das war das Bestreben unserer Altväter. Es ist schon lange meine Absicht, auch einmal ein Weihnachtsbuch zu schreiben. Da ich nie eine höhere Schule besucht habe, bin ich eigentlich kein echter Schreiber, dafür aber ein fleißiger und gewissenhafter Erzähler.

Der Herrgott hat uns ein gutes Beispiel gegeben, als er seinen Sohn ausgerechnet auf unsere armselige Welt geschickt hat. Er legt nicht Wert auf Reichtum, sondern er schaut in die Herzen der Menschen. Der Herrgott möchte Frieden auf der Welt und eine friedliche Menschheit. Das verkündet uns alle Jahre wieder die weihnachtliche Botschaft.

Mein großer Wunsch ist es, der Menschheit Gutes nahe zu bringen. Und wenn ich in diesem Buch auch einige uralte Kalendergeschichten untergebracht habe, die den Lesern sonst nicht mehr zugängig wären, so nur deshalb, weil sie echten Weihnachtssinn enthalten. Gerade in einer Zeit, in der Hast und Schnellebigkeit wüten, muß Nachdenkliches geschrieben werden. Möge dieses Buch Weihnachtsfreude und Besinnlichkeit in die Herzen der Heimatfreunde bringen.

Otto Kerscher

Mein herzlicher Dank gilt:

Dem Verlag Passavia Passau für die Freigabe zweier Geschichten.
Karl Siegler, Österreich.
Rosemarie Zeindlmeier, Furth.
Otto Peisl.
Dem Bayerischen Rundfunk.
Alois Kallus.
Ponzauner Wigg.
Anneliese Haas.
Xaver Schötz.
Meiner Tochter Martina für die Durchsicht des Manuskriptes.

Bildnachweis:

Fotos: Otto Kerscher.
Einen Teil der Fotos stellten Walter Zacharias (Regensburg), Hans Hofmann (Bogen), Herr Mattes (Deggendorf), Frau Falk (Haggn) und Josef Brembeck (Haselbach) zur Verfügung.
Farbfotos: Willi Gerstbrein.